零基礎也OK！
無殼蝸牛必備購屋全書

NO BASIS IS OK：
Must-Have Book for Buying a House

從看屋、議價、簽約、貸款、驗屋等SOP全揭密

FOREWORD I

推薦序 一

不只是「單一知識點」，更是「完整知識網絡」的買房工具書

　　「嘿！跟你說，有個免費的房產課程，超級有料的，你要不要去聽？」多年前，因為朋友的一句話，我上了那位講師的房產課程。原本以為免費課程能學到的東西有限，沒想到那位講師一講就是四小時，而且是滿滿的乾貨。沒錯，那位講師就是陳宇凱0.38！幾年前我認識他時，他就對教學樂此不疲，而且付出不求回報，開了好幾年的免費課程，甚至提供免費一對一諮詢，只為了讓大家少走一些冤枉路，直到我不斷提醒他：「你的課程與諮詢值得收費，這樣你才能走得長遠，也才能提供更多價值給學員！」

　　我也是房產＆理財講師兼網路作家，在房產領域深耕了十年以上，常有許多讀者和學員問我房產問題，所以當我知道0.38要寫這本書時，我覺得非常興奮，因為他的邏輯架構非常清晰，總能深入淺出地說明，且查證毫不馬虎。

　　看完這本書後，你能完整學會買房前、中、後需要具備的知識，有別於坊間只教「單一知識點」，0.38教的是「完整知識網絡」。「單一知識點」可以快速解決當下的簡單問題，但通常「只知其然而不知其所以然」，但0.38會清楚告訴你，它們的優缺點及適用情況為何，讓你能根據自身情況去判斷與選擇，幫助你架構「完整知識網絡」。

　　「完整知識網絡」有個很大的好處，就是它不會因外在的時間或環境變化，過一段時間或換一個環境就不管用了。若你正在煩惱該怎麼買房，想要有系統、有邏輯地學習買房知識，而且「學到一招」就能運用在「千變萬化的場景」，那就千萬別錯過0.38累積多年教學經驗的這本買房工具書囉！

「喬王的投資理財筆記」與「斜槓槓槓槓Podcast」創辦人

FOREWORD II

　　0.38是我合作的夥伴裡最熱心的人，還曾經為了協助我的粉絲買房問題協助到半夜，有時都不禁讚嘆他那無私的舉動。加上0.38本身有房仲、房貸的經驗，透過他豐富的房產經驗不斷地分享買房知識，幫助更多想自住購屋的朋友。

　　買房本是人生大事，很多人更是第一次買房的新手小白，要是沒有認真做功課，很容易不小心踩到雷、遇上糾紛。我們都知道房子動輒千萬以上，但偏偏很多人會一時衝動就下決定，但在買房過程中有太多的環節，只要其中一個環節下錯決定，那就變得非常麻煩！更甚者會導致血本無歸，例如：房貸估值沒試算好付不出頭期款這類事情，能越小心謹慎越好！

　　當0.38通知我說他要出書時，我內心想著：「真是太好了！又多一本買房攻略造福消費者！」如果說社會不希望再看到買房糾紛層出不窮，那我們消費者更應該負起責任，自己要勤做功課、學習買房知識，去跟建商、房仲和代銷給予意見和反饋，創造出正面循環！讓建商每年蓋出更好的房子，讓房仲願意與你誠實以對、讓代銷成為你議價的好幫手，而你也能開心買到一間理想的好房子。

　　「我們不怕去看房，最怕自己買錯房！」從看房到買房的過程中，有太多需要知道的細節和流程，更要懂一些Know-How去跟相關從業人員溝通討論。如果不希望自己第一次買房就踩雷的話，就不要猶豫！趕緊把這本書帶回家吧！

設計師愛看房Podcaster、部落客、好學校預售屋講師

Angela 安琪拉

FOREWORD III

擁有屬於自己的房子是很多人的夢想，但買房的總金額較高，這意味著許多人需要累積一生的資產才能實現這個夢想，如果我們沒有足夠的知識和經驗，就可能因此損失數百萬的資產，在房地產的領域當中專業知識和實踐經驗是相當重要的。

曾受邀在 0.38 的學習社群中分享家庭理財，我發現他是一個相當熱忱的人，曾經我們花了一個多小時通話來確認彼此對於財商的理念相同，進而成為彼此的學員，成為彼此的貴人。

身為一位女性同時也是理財作家，我自己在家庭理財領域深耕多年，經常遇到正在為財務苦惱的學員，我總告訴他們整理家庭財務是一個指標，最後數字不是目的，那只是提醒我們過去發生什麼事情導致我們現在的結果而已，如果過去的我們有可以被調整的地方，經過學習就必然會讓自己越來越好，買房也是如此，穩健的前提要建立在知識之上。

學習的成本最低，在學習的過程中，不僅僅是知識的吸收，更是幫助我們更深刻地了解自己和世界如何連結，透過知識的增長，洞察力越來越好變得更加有智慧，在投資的路上更穩健。

學習的路上看書的成本最低，上課的效率最高，一直以來看到 0.38 熱情的投入他愛的教學，從房產講師晉身為房產作家，一步一腳印的實踐自己的理想，0.38 透過自己當房仲跟房貸專員的背景，實事求是的投入房地產教學、有系統性帶著你了解買房的根本邏輯，以及所有你該注意的事項，非常無私的分享自己的經驗與所學，成就了許多人買房的夢想。0.38的用簡白易懂的文字，告訴你買房中極其重要的細節，非常適合想踏入房產領域的朋友喔！

「MomPower 媽媽商學院」創辦人

Sandy Tu

FOREWORD IV

推薦序 四

　　不動產的水很深，動輒就上千萬，但對大部分的人而言買房是人生中最大一筆投資之一。但對很多人而言因為不是這個領域專業，尤其如果你是第一次買房，一定會對於簽下上千萬的契約感到緊張，如果你不是靠感覺做決策的人，一定會希望在做決定的當下，可以有更多點的資訊和經驗可以幫助自己判斷，避免自己踩到雷區。

　　市場上有非常多資深的專家，都有在教學如何買房、看房等知識，每一個經驗總結都很有參考價值，也很值得去翻閱。只是目前大部分的經驗分享都是針對如何看屋去探討為主。

　　我自己也是參與房產投資多年，但近年我除了關注資產和投資工具外，開始更重視財務規劃和風險控管的議題，我會說買房除了看房本身外，是需要更多層面去綜合評估，包含買房後貸款問題、如何跟銀行談房貸條件，或是該如何準備頭期款，甚至是未來如果要轉售該注意的稅務問題等，都是在決定下斡前需要一併去規劃討論，也是買房中財務規劃的一部分。而 0.38 這本書除了將看房經驗淺顯易懂的方式分享之外，也將買房前的財務規劃和前置準備內容做深入的描述。如果你是第一次買房，希望除了怎麼看房之外，希望更多點財務層面的規劃相關的經驗總結，相信這本書的經驗分享，可以協助你在買房的決策前，可以更全面和快速的做綜合的評估。

「好屋投資理財平台」創辦人

張雅嵐 Cawa

PREFACE

作者序

　　大約從二〇一八年開始教房產課到現在，一開始只是因為身邊的同學和朋友陸續買房，他們知道我有房仲及房貸的經驗，所以希望可以找我做簡單的購屋諮詢，但一個人從看屋前的諮詢到成交後，至少也要十多個小時起跳，所以有一個高中同學就建議我可以開講座，一次可以分享給很多人聽，剛好教育也是我的興趣，就開始毅然決然踏上了斜槓分享者這條路。

　　開課一開始的信念很簡單，只是希望不要再有人買了房產被騙、被違約賠款或是買貴的問題，因為市面上很少人專門在分享自住購屋的內容；在開課的第一年非常的不理想，因為不會有人想要聽一個保險業務分享房產知識，常常被陌生人放鳥，或是來的學員只有 1～2 人，但我一場免費講座還是花了三個小時來做完整的分享，分享的次數多了，漸漸的學員們開始遇上買房產的一些大小問題，所以才想透過寫書來傳播自住購屋的知識給一般大眾。

　　這本書的內容是我花了至少百場以上的房產講座萃取精華而來，特別針對完全新手的房產小白，也能夠一次就看懂房產的大小事，從最基本的買房前需要知道的資金配置問、需求評估，看屋時必須要會的選屋，看屋後的談價、議價心法，以及簽約防詐等；這本書的內容主要目的不在於讓學員們可以入手便宜的房產，而是從本書知識中理解自己現實人生中的自住需求能夠如何完成，如果已經在看這本書的你，也希望每個學員可以踏出一步開始學習更多不同的知識，遇見更好的自己。

038 陳宇凱

CONTENTS

推薦序 —————————————— 002

作者序 —————————————— 006

名詞解釋 ———————————— 011

購屋整體流程 —————————— 012

常見Q&A ———————————— 014

直接和屋主聯繫 ———————— 031

買房的時機 —————————— 033

台灣房價漲跌狀況 —————— 033

CHAPTER 01

釐清對房屋的需求
CLARIFY YOUR NEEDS FOR BUYING A HOUSE

購屋的用途 ————————— 020

自住 —————————————— 020

投資 —————————————— 021

開店 —————————————— 023

買房好？還是租屋比較好？ — 024

租屋 —————————————— 025

購屋 —————————————— 027

購屋時的房屋來源 ————— 028

實際和房屋仲介面談、諮詢 — 028

在網路上找房 ———————— 030

CHAPTER 02

買房時的支出項目及資金來源
THE COSTS OF BUYING A HOUSE AND THE SOURCE OF FUNDS FOR BUYING A HOUSE

買房時可能須準備的支出項目 — 038

購屋費用 ———————————— 038

其他相關費用 —————————— 039

購屋資金來源 ————————— 040

自備款 ————————————— 040

購屋前的資金配置 —————— 043

購屋後的資金配置 —————— 050

常見的理財配置方法 ———— 051

常見的理財工具 —————— 054

設定購屋計畫 ———————— 058

房屋貸款 ——————————— 060

房貸的種類 ————————— 061

申請房貸的流程 ———— 062

房貸的審核邏輯 ———— 063

房貸的篩選方法 ———— 072

其他關於貸款的概念 ———— 076

CHAPTER 03

看屋須知

INSTRUCTIONS FOR HOUSE VIEWING

看屋前準備 ———— 080

確認決定權人 ———— 080

帶著全部的決定權人一起看屋 ———— 081

統整需求 ———— 085

購屋需求種類說明 ———— 086

需求評估表填寫範例 ———— 091

需求評估表（空白） ———— 092

選屋的考量因素 ———— 093

步驟一：評估大環境 ———— 094

選擇房屋所在區域的方法 ———— 095

多區域符合需求的選屋法 ———— 096

步驟二：評估小環境 ———— 097

嫌惡設施簡介 ———— 099

查詢房屋附近環境的方法 ———— 100

步驟三：判斷屋況 ———— 100

常見的房屋格局 ———— 101

格局圖的採光判斷方法 ———— 103

格局圖的動線判斷方法 ———— 104

格局圖的座向判斷方法 ———— 104

遇到特殊格局的處理方法 ———— 105

步驟四：判斷保值性 ———— 106

保值性比較範例 ———— 107

選屋示範 ———— 108

進行需求分析 ———— 109

進行線上選屋示範 ———— 112

瑕疵屋的防範及處理 ———— 124

常見瑕疵屋況 ———— 125

簽約前多看 ———— 126

簽約中確認 ———— 128

簽約後注意 ———— 129

交屋後權利 ———— 130

重大瑕疵屋況 ———— 131

簽約前多看 ———— 135

簽約中確認 ———— 138

簽約後注意 ———— 139

交屋後權利 ———— 140

CHAPTER 04

看屋後談價

NEGOTIATE THE PRICE AFTER VIEWING THE HOUSE

談價前須知 142

談價的雷區 143

　嫌貨才是買貨人 143

　從低亂出價 145

　先出高價再談低 146

　找多個仲介談同一件案子 147

　房屋喜歡卻假裝無所謂 148

談價的方法 149

　口頭談 150

　斡旋談 150

　要約談 151

　見面談 152

避免賠款的方法 155

　出價前先請銀行估價 156

　押房貸成數的解約條款 157

　遵守「問5找3送2備1」的技巧 157

談價中須知 158

談價五資訊 159

　開價回推 159

　仲介資訊 164

　行情判斷 164

　銀行估價 172

　心中分數 172

錨定效應 173

　找出成交區間 173

　縮小成交範圍 174

談判三心法 175

　感覺 175

　籌碼 176

　目標 176

　談判三心法的結論 176

實務運用 177

服務費的計算方法 177

服務費的被動式談法 179

CHAPTER 05

購屋簽約須知

THINGS TO KNOW WHEN SIGNING A CONTRACT TO BUY A HOUSE

簽約前須知 182

常見的詐騙手法 182

　賣屋被詐騙 183

　買屋被詐騙 186

常見的違約狀況 188

　反悔購買 188

　交屋流程延遲 189

重要條款 189

簽約中須知 196

交屋流程 196

　簽約及用印 197

　完稅 198

　過戶 199

　驗屋 199

　交屋 200

價金流程 200

　簽約款 201

　完稅款 202

　交屋款 202

實務運用 203

綜合流程 203

購屋的稅 204

　買方的稅 205

　賣方的稅 207

購屋登記 209

附錄
APPENDIX

0元購屋大解密 214

什麼是0元購屋？ 214

　不用存自備款的操作手法及風險 214

　裝潢不用錢的操作手法及風險 216

　不用自己繳房貸的操作手法
　及風險 219

　房屋轉賣一定賺錢的操作手法
　及風險 221

0元購屋的適用情況 222

　為何有人需要0元購屋方案？ 222

　如何避免自備款不足？ 222

常見的仲介話術 223

看屋時的話術 223

出價時的話術 224

談價時的話術 225

其他練習表分享 227

名詞解釋

GLOSSARY

① 房屋仲介

在本書中，簡稱房仲或仲介，是協助買賣房屋的專業人員，也是在房屋買賣過程中，負責擔任買方與賣方之間溝通橋梁的中間人。

② 代書

又稱為地政士、土地代書或土地登記專業代理人，是負責代理及協助買方和賣方，申請房屋土地過戶登記的專業人員。

③ 仲介服務費

當買方或賣方有找仲介協助房屋買賣時，當房屋成交後，買賣雙方均須支付給仲介的服務費用。

④ 公設比

是公共設施在房屋所有權狀面積中所占的百分比。

⑤ 下斡旋

若買方有看到喜歡的房屋，仲介可能會建議買方簽下「斡旋書」向屋主出價，並提供一筆現金（斡旋金），讓仲介可以幫買方向屋主談價。

⑥ 底價

屋主期待的房屋買賣成交價。

⑦ 開價

屋主對外公開的房屋售價。

⑧ 履約保證專戶

又稱為履保專戶、履保，是讓由第三方保證買賣雙方都會履行合約的帳戶，通常是讓買方將購屋款項匯入此帳戶，直到雙方順利交屋完成後，賣方才能從此帳戶中提領交易款項。

⑨ 聯徵紀錄

在聯徵中心的資料平台中，可查詢一個人與金融機構往來的借貸及繳款紀錄，並會根據這些記錄的資料，計算一個人的信用評分，因此聯徵紀錄是銀行評估房貸申請者的審核關卡之一。

購屋整體流程 🏠

STEP 01 評估財務狀況

確認自己是否已有足夠的自備款，以及計算未來每月的金流，能否負擔房貸還款。（註：關於購屋資金來源的詳細說明，請參考 P.40。）

STEP 02 確認決定權人

確認自己購屋時，共有哪些人對自己選擇要買哪間房屋具有決定權。（註：關於確認決定權人的詳細說明，請參考 P.80。）

STEP 03 評估房屋需求

評估自己對自住的房屋有哪些需求，例如：交通需求、環境機能的需求等，並填寫需求評估表。（註：關於釐清對房屋的需求的詳細說明，請參考 P.19；關於統整需求的詳細說明，請參考 P.85。）

STEP 04 選屋及看屋

運用選屋四步驟，選擇最適合自己的房屋。（註：關於選屋的考量因素的詳細說明，請參考 P.93。）

STEP 05 閱讀不動產說明書

可透過閱讀仲介提供的不動產說明書，進一步了解房屋的屋況，包含是否有瑕疵、附近是否有嫌惡設施等。（註：關於瑕疵屋的防範及處理的詳細說明，請參考 P.124；若買方是直接向賣方購屋，就沒有不動產說明書可查閱，只能自己另外想辦法蒐集房屋資訊。）

STEP 06 蒐集談價五資訊

開始蒐集有利於自己出價的資訊，包含向仲介諮詢賣方的出價、請銀行估價、確認行情價等。（註：關於談價五資訊的詳細說明，請參考 P.159。）

STEP 07 談價

買方可選擇用不同方式，透過仲介向賣方出價，例如：斡旋、要約等。（註：關於談價的方法的詳細說明，請參考 P.149。）

STEP 08 見面談

通常是買方、仲介、賣方三方見面談判價格。（註：關於見面談的詳細說明，請參考 P.152。）

簽約

若見面談成功，通常當天就能簽約，且簽約的過程須請代書協助。（註：關於購屋簽約須知的詳細說明，請參考 P.181；不論是請仲介協助購屋，或是買賣雙方自行簽約，都強烈建議須找代書，以協助完成從簽約到交屋過程中的許多細節事項，例如：尋找履保專戶、設定過戶文件、把關房貸的銀行、進行實價登錄申報等。）

申請房貸

簽約後，才能向銀行正式送審房貸。（註：關於申請房貸的流程的詳細說明，請參考 P.62。）

房貸初審

為申請房貸後，銀行向申請者通知審核結果，包含是否通過申請，以及申請者所能獲得的貸款條件。（註：關於房貸的審核邏輯的詳細說明，請參考 P.63。）

房貸對保

為申請者決定好要使用哪一間銀行的房貸，並依照銀行對保文件上的內容和銀行簽約。（註：關於對保的詳細說明，請參考 P.63。）

完稅

買賣雙方繳完房屋相關的稅費後，買方須支付完稅款給賣方。（註：通常款項都是匯入履保專戶。）

過戶

賣方將房屋所有權轉移給買方。

驗屋

買方檢驗房屋是否有屋況問題。

交屋及撥款

驗屋確認屋況沒問題後，買方須支付最後的交屋款（銀行房貸撥款）給賣方，並等銀行撥款代償完成，且屋主跟原貸款銀行領完清償證明，以及到地政事務所辦理好塗銷後，跟買方、仲介及代書約定一日，雙方再做交屋的程序，而賣方將鑰匙交給買方，以及切算完水、電、瓦斯等費用後，就能完成房屋的買賣。（註：若有請仲介協助購屋，買方須另外支付仲介服務費，而支付的時間點須視各家公司或分店的規定而訂。）

常見Q&A

COMMON QUESTIONS & ANSWERS

QUESTION 01

最近有想要買房自住,因為身邊的朋友和家人都說:「租不如買,租房屋是在幫房東還房貸,而買房屋才能幫自己存錢。」不過雖然我也想買,但自備款不夠,我是不是應該先去借款來籌自備款,並先買房屋幫自己存錢呢?

在華人的社會裡,許多人會覺得「有土斯有財」,認為可以擁有自己的一間房屋比較心安。而這幾年來,我也碰到不少學員或朋友跟我分享,他們想買房屋,卻沒存多少自備款,並認為:「反正將後房屋出租的租金換算成要繳的房貸後,看自備款還缺多少,就再借一些信貸就好。」

但是我通常都會建議他們不要太衝動,雖然我本身是在教大家如何買一間適合自己的房屋,可並不代表每個人在人生的現階段都應該買房。

若我們平時無法存下一些錢,自備款還需要靠特別信貸或借款而來,並期待未來的房貸可以運用租金換算去負擔,這樣的人生其實會沒有退路,因為只要自己某幾個月的資金斷鏈,就可能不小心使辛苦買來的房產被法拍。

況且,若買房前我們無法存下自備款,為什麼會期待買房後,自己突然就有能力可以還房貸了呢?因此買房是屬於個別人生規劃的探討,不建議大家為了買房而強迫自己借自備款,反而最重要的應該是,幫自己規劃好理財配置才是長久之道。

QUESTION 02

最近房市不明,我是不是應該要等房市下修、回穩後,再考慮進場買房呢?畢竟這幾年房價漲很兇,我是不是應該再觀望看看?

不論是為了買房自住或買房投資,每個人都希望可以買房買在低點,賣房賣在高點。對買房投資者而言,房價趨勢確實一定要納入考量;而對買房

自主者而言，不希望自己購屋時買太高價的原因有：第一，造成資金壓力；第二，心理會在意；第三，是未來賣屋時可能會影響能賺回多少成本。

但若我們的購屋需求是自住為主，房價的漲跌其實不太會是買房決定的因素，反而確認好自己的自住需求才是最重要的。

試想，若未來房價真的會跌，但已經有自住需求的我們，要等到何時才能真正買房自住？除非自住需求本身可以等待，才有機會慢慢等房價下跌後再買。但有些自住需求並無法等待太久，例如：小孩已經出生，有學區的考量，或需要臨近父母住家，以協助照顧及陪伴雙親等需求。

因此，若需求無法等待，未來的房價無論漲或跌，都只能當作額外參考，且確認好自己的購屋需求，才是最主要的購屋考量因素，但以上都必須建立在資金能負擔的情況下討論，若是有自住需求，但資金無法負擔時，就強烈建議不要當下急著購買。

QUESTION 03

最近我開始有自住需求並已開始在看屋，但聽有些人說「要看滿百間房屋後再做決定」，畢竟買房屋單價那麼高，不應該像買菜一樣太快做決定；而且最近我看了一些房屋，雖然我自己喜歡，但跟身邊的家人、朋友和同事分享後，他們紛紛表示不贊同這些物件，讓我感到有點迷惘，我是不是房屋看太少了？應該要再多看幾間才好呢？

當我們開始看屋後，很常會碰到以下兩個問題，第一是：「到底要看幾間房屋才能下決定？」第二是：「身邊的人都會給予我們不同的意見，該聽誰的？」

其實看屋這件事，沒有一定要看幾間房屋，有人看了花一年看了百間，才下決定買到適合的房屋，也有人只看一間就緣分來了，並買了一間適合自己住的房屋。

我支持房屋可以多看、多比較，但不建議看過多房屋後，反而越來越迷失自我，反而找不到方向。而是只要真的看到符合自身需求的物件，並依照本書的方式選屋（參考 P.93），其實都可以付幹旋談看看，不必要求一定要滿分的物件。

另外，很多人看屋時，都會徵求身邊人的想法或意見，這是很正常的事，但不管身邊的人給予什麼樣的建議，最後做出買房選擇的人終究是自己，所以他人給予的意見就屬於純粹參考用，不能當作自己買房的唯一依據。

因為未來我們買房後，許多給意見的人並不會跟自己住，也不會幫自己出自備款，所以若對方不是決定權人（參考 P.80），所有的建議都當參考即可，且最後的決定權都掌握在自己身上。

QUESTION 04

買方有辦法在簽約前，就先和銀行確認自己是否能申請到房貸，或先得知能申請到幾成房貸嗎？

通常在簽約前所進行的銀行評估房貸，都屬於「非正式」的評估，也就是簽約後且正式送審後，才能真正知道房貸的審核結果。

但簽約前所做的房貸確認，在本書中提到的三面向六關卡（參考 P.64）中，第一面向的物況估價及是否為標準品，可以請銀行先行確認，因為大部分估價和標準品的確認，可在簽約前判斷，沒有太大問題；而人況的職業收入也可請銀行的房貸業務協助經驗判斷。

但聯徵紀錄的部分就需要正式送審，並經過調閱資料後，才能確認自己的負債和信用情況，並且要留意，所有銀行提供的房貸條件，在正式對保前都有變數，無法百分百確定簽約前請銀行做的評估，是否在簽約後正式送審，必定能有一樣的結果，所以建議簽約前，可以多找幾家銀行評估，這樣會比較安全。

QUESTION 05

我有看到喜歡的理想房屋，但實價登錄上相關的價格資料很少，而且仲介也沒有給予太多價格資訊，所以不確定屋主多少價格才願意賣，以前也沒有其他買方談價過，但這個物件我很喜歡，我想要出價談看看，但是又擔心若買貴怎麼辦？

有些物件的屋主開價很難回推實際底價，因為屋主甚至不一定有給仲介底價，這是常發生的情況，或因為物件較特別，附近很少有同類型的物

件可以參考，所以這時無法靠談價五資訊直接出價，只剩下銀行估價及心中分數可以協助確認出價數字。

此時建議可多找幾家銀行同時估價，儘管銀行的估價跟行情也許有些落差，因為銀行的估價相對比行情保守，這是很正常的事，但和「沒有價格參考依據亂而出價，結果不小心買貴、房貸申請不到理想成數，並因此違約賠款」等問題相比，風險小很多。

因此，不建議在完全不理解價格行情的情況下出價，這樣買屋的風險太高，尤其屬於房產新手的我們，每一分自備款都得來不易，雖然多花時間做蒐集資訊的功課，可能會因此失去優先出價談的機會，但至少可以保下我們的資產，避免不必要的亂出價，所以若以風險考量來做思考，建議此時應該多請銀行同時評估價格，就可以有所參考依據，來做出價選擇。

QUESTION **06**

好不容易進入到見面談階段，仲介協助我們談價，但仲介不斷希望我們可以繼續加價談，我好不容易找到這間理想的物件，不希望這時就放棄，但我的自備款有限，同時擔心失去買到此物件的機會，此時我是不是應該要咬牙忍住，勉強加價買呢？

談價的過程中，到底應該加價到多少，決定在於自己的資金能負擔到什麼的程度，以及同時要看這間房屋在自己心中值得幾分，兩者的平衡，就是自己加價金額的最高上限。

若必須加價超過自己內心的天花板價格才買的到，就可以考慮購買其他物件，就算這個屋主未來賣掉也沒關係，因為若勉強自己買下超出自己能負擔的物件後，可能會影響自己未來的生活負擔。不過，若未來屋主沒有賣掉，且願意降價的話，或許就可以繼續談價看看。

QUESTION **07**

若想把房屋賣掉時，要怎麼找仲介幫忙賣？

若有自己信任的仲介，建議可優先找自己信任的仲介，並花時間諮詢、討論，不過要留意，通常每個仲介店頭都有專門負責的買賣區域，雖

然找負責 B 區的仲介協助賣 A 區的房屋也沒有不行，只是 B 區仲介的客源及人脈，不一定能觸及到 A 區。所以賣方一開始找仲介賣屋時，可以先跟信任的仲介諮詢後，再找自己賣屋區域的仲介來做討論。

另外，建議可找一家直營店，以及兩家不同的加盟店同時來賣屋，因為直營店和加盟店的客群不太一樣，且建議一次不用找太多仲介賣屋，以免買方在網路上看屋時，產生「賣方是因為賣不出去，所以找很多仲介委託賣屋」的錯覺或誤解。

而在找信任的仲介及找該區專責的仲介賣屋時，也建議盡量找價值觀與自己相契合，且相處得來的仲介。

QUESTION 08

賣屋時，要選擇專任委託，還是一般委託比較好？

專任委託的意思是，只能交給一家仲介公司賣屋，不能讓其他仲介公司賣，且自己也不能賣屋；一般委託是可以同時找多家仲介賣屋，且自己也可以賣屋。

若自己有信任的仲介，同時又不想花太多時間在帶看房屋上，就可以全權授權給自己信任的仲介專任委託一小段時間，通常以三個月為一個期限居多，也有些人會給予一個月專任委託。若專任委託期間沒有成交，就再開放改成一般委託，來給其他仲介一起賣屋。

專任委託和一班委託分別各有優缺點，但會比較建議，若要簽專任委託給仲介賣屋，最好是自己信任的仲介為主；而對於非長期往來或還沒到熟識的仲介，用一般委託來賣屋是適合的選擇，同時自己也不會卡住自己賣屋的權利。

釐清對
房屋的需求

01

釐清對房屋的需求

購屋的用途

　　購屋前，應先確認自己購屋的主要目的是什麼，例如：自住、收租金或買低賣行情等，因為購屋用途不同，選屋時須注意的因素也會不同。

購屋的用途

自住

選屋時須考量大環境、小環境、屋況等，並以滿足解決居住需求為首要目標。

投資

選屋方向可分為「低價買進且行情價賣出」，以求賺取價差，或「房屋能否穩定出租」，以求穩定收租，賺取現金流。

開店

須考量開店的目標為營利或增加品牌的知名度等，以及需要判斷附近的人流有無符合店面效應。

自住

　　購屋是為了解決自己或家人自住的問題，且須滿足買方的自住需求，例如：工作通勤的需求、生活機能便利的需求、車位的需求等。

自住的選屋考量因素

若是為了自住而購屋,選屋時須考量的因素包含:大環境、小環境、屋況及保值性。(註:關於選屋四步驟的詳細說明,請參考 P.93。)

 投資

若購屋的目的是為了投資賺錢,可再將目的細分為賺取價差及穩定收租。(註:本書內容以自住購屋的相關資訊為主,以下關於買房投資選屋的須知,僅為簡介及補充說明。)

 購屋小知識 TIPS FOR BUYING A HOUSE
若想透過房屋買賣賺取價差,必須知道哪些資訊?

想透過房屋買賣賺取價差,須具備很廣的人脈資訊,以及擁有房產相關的專業知識與能力。

因為屋主想便宜賣屋時,通常會優先賣給自己認識的親朋好友,讓身邊較親近的人可以賺取其中的價差利潤;如果身邊親近的人沒有成交,才會再向外找不認識的買方及仲介成交,所以人脈夠廣,就更有機會遇到能低於行情價購屋的機會。

另外,即使真的遇上難得低於市價行情的房屋物件,但若自己不具備判斷房產價值的專業能力,就無法在第一時間判斷此物件,是否確實具有潛在價差的價值?或只是聽別人的建議就輕易相信?因此,若想透過購屋賺價差,必須有足夠的人脈資訊及專業知識。

投資的選屋考量因素

為了賺取價差或穩定收租而購屋時,所須考量的因素並不相同,以下分別說明。

◨ 賺取價差

若是為賺取價差而購屋，選屋時須考量的因素，請參考以下表格。

選屋考量因素	說明
房屋地段好	若想經營價差投資的房產，就須考量「未來誰接手」的問題，若房屋地段較好，當地居民的自住需求就可能較高，因此在買方較多的情況下，不僅房屋較易脫手，且未來若房市下修時，該區域的房價也較不易下跌。
購屋時，房價低於行情	須以低於行情價購買，再以行情價賣出，才能賺取價差。因為以行情價售出後，資金能較快回流，如此就能再趕快準備買下一間有價差的房屋，所以不會刻意高於行情價太多出售。（註：不過若投入的資金或其他成本過高，就有可能會拉高單價來賣。）
較易借到貸款	因為購屋需要準備自備款，但一個人擁有的自備款有限，所以房貸可貸成數非常重要。房貸可貸的金額越高，代表可留存越多現有資金，再去做其他投資配置，因此房屋是否可借到理想的房貸金額，是價差投資時的考量之一。
售出利潤足夠	進行一樁價差投資的房產交易，必須花費不少時間、金錢、人脈、其他成本等，因此如果沒有足夠的利潤，就不一定值得下手購買，因為與其把資源投入在沒有足夠利潤的房屋物件上，不如再找其他更適合的投資物件還比較有利。

◨ 穩定收租

若是為了穩定收租、賺取現金流而購屋，選屋時須考量的因素，請參考以下表格。

選屋考量因素	說明
房屋地點交通便利	因為通常租屋族主要想靠租屋解決的問題，會是短期生活的交通是否便利，所以若想找一間能順利長期穩定出租的房屋，就須選擇能滿足租客交通需求的房屋，例如：近捷運站。
租客來源穩定	先確認自己預設的租客來源是誰，再從目標族群回推他們理想的租屋需求，並從找尋這方面的物件入手及出租。例如：若是

租客 來源穩定	在科學園區工作的租客，通常收入穩定且負擔能力較高，此時房東可選擇找園區附近、方便租客上下班的區域，以及屋況內部要有一定程度裝修的房屋，才能吸引較多目標族群。
較易 借到貸款	因為購屋時須準備自備款，而一個人的自有資金有限，甚至為了買房收租，可能需要更多資金進行裝潢、隔間、添購家具等，所以房貸可貸成數，是重要的考量因素之一。
出租 利潤足夠	房屋出租的利潤依照不同區域，可能會有不同的投資報酬率（簡稱投報率）。若投報率不足，就會減少人們投資該物件的意願，且套房、兩三房、隔套收租等物件的投報率及潛在風險也不同。 另外，因為用於收租的房產，不一定會持有一輩子，所以終究可能屬於人生資產配置的一部分，因此入手前就須考量「未來若變現時，是否能有良好的變現率」。 而變現率取決於物件的收租投報率，是否有符合該區市場收租物件的行情，以及該物件是否有符合大環境、小環境、屋況、保值性等綜合因素評估，若有，就符合想要買房收租者的內心期待。因此須將風險與利潤平衡過後，再來做購屋選擇。

 開店

為購屋是為了開設自己的店面，而開店的目標可能為零售營利、增加品牌曝光及知名度，或是為了從線上發展到線下展店等，且開店時需要判斷附近的人流有無符合店面效應。

COLUMN 01

開店的選屋考量因素

若是為了開店而購屋，選屋時須考量的因素包含：選擇有符合自己店面受眾的穩定客源的地點、盡量位於一樓或二樓，以及位於交通方便之處，例如：距離成熟商圈較近的地點、位於有多條捷運線通過的地點等，都會有不同的適合選擇。

ARTICLE 02 買房好？還是租屋比較好？

網路上有不少文章在討論買房和租房的比較，但到底該如何思考和判斷？想比較租屋及購屋的先決條件是：❶ 買方必須透過買屋或租屋來解決自住的需求，以及 ❷ 買方已經擁有足夠的自備款。

因為若自備款不足，就只能先選擇透過租屋暫時解決自住的問題，所以若在以上的 ❶ 和 ❷ 兩個條件中，有任一個條件不符合時，去討論「買房好？還是租房比較好？」就沒有意義。

另外，有些人因為人生規劃及職業收入改變，可能會從租屋人生走向購屋選擇，但不代表一開始就購屋一定比較好，而是必須依照自己不同的人生階段性規劃，去斟酌自己當下比較適合租屋或購屋。關於租屋及購屋的相關介紹，以下將分別進行說明。

比較項目	租屋	購屋
是否須解決自住問題	是。	是。
是否已有自備款	不一定。	是。
優點	❶ 沒有房貸還款壓力。 ❷ 若不慎租到有問題的房屋，能選擇改租其他房屋，處理方式較簡單。	擁有自己的房屋後，就不必看房東臉色，來決定是否須搬家，因此居住狀態較穩定，並且能有屬於自己的房產。
缺點	❶ 租屋一輩子所付的租金總額，可能已經有機會買一間房屋。	❶ 會有房貸還款壓力，且若因為意外而無法順利準時還款，房屋就有可能遭到法拍。

缺點	❷ 年紀大時，可能會較難找到願意出租房屋給自己居住的房東。 ❸ 每次更換租屋處，就須搬一次家，如果是自己一個人住，或許可以接受，但若已經有和家人或小孩同住，卻還需要多次搬家，就較易造成同住者的困擾。 ❹ 若房東不願意續租，就只能被迫搬家，因此居住狀態較不穩定。	❷ 若不慎買到有問題的房屋，須花較大成本修繕或向賣方求償，較難直接再買一間房屋以更換住處。 ❸ 買房自住後，若碰到不好相處的鄰居，或因為工作關係須到其他區域上班，就無法像租屋一樣，只要找其他居住地及簡單搬家即可。

 # 租屋

假設一輩子不買房、只租屋，就須考慮以下問題：自己一輩子大概須準備多少金額的租金；租屋的年紀可以到幾歲；須能接受可能會頻繁搬家；以及和房貸相比，租金的支出是否真的比較少等，以下將分別進行說明。

COLUMN 01

年紀大時較難租到房屋

因為房東在招租時，會在意是否能穩定收租，以及租客能否維護好自己的房屋，所以篩選房客時，除了職業收入外，年紀也是房東必定會考慮的因素之一。

因此租屋族須考慮人的年紀較大後，房東出租的意願可能會降低，且通常房客年紀到一定歲數時，因為房東可能會擔心年長者有沒有人照顧的問題，所以出租的意願會下降，導致租屋族年老後，有可能會較難找到適合自己的租屋處。

可能常會非自願搬家

以租屋解決居住需求時，就須面臨隨時需要搬家的風險，例如：房東突然想要售屋、自用或調漲租金，此時租客就只能尋找下一個租屋地點並搬家。

若是單身一人，也許尚可接受每幾年就搬家一次；但若自己未來成家立業、生兒育女後，好不容易配偶找到穩定工作，孩子也已經有穩定的學區，結果卻因為不可控因素，導致全家必須搬家時，就須考慮家人能否接受可能需要經常搬遷居住地點的情況。

一輩子租屋的租金花費 VS 購屋的房貸支出

▨ 一輩子租屋的租金花費計算

每人一生的房屋租金計算公式如下。

➡ **每月房租金額×12個月×預計租幾年＝每人一生的房租金額**

假設每月平均房租為2萬（可能年輕時租套房，租金比較低，成家後換大房租金比較高，孩子長大後搬出去又改成小房居住，且租金假設一輩子不考慮通膨的情況下，以平均2萬來計算），並須租至少六十年（假設從二十五歲出社會，住到八十五歲過世），則一輩子的房屋租金的計算方式如下。

➡ **2萬×12月×60年＝1440萬**

因此，可計算出一輩子所須花費的房租金額至少為1,440萬。

而1,440萬可能已經能購買一間自住的房屋，但若一輩子不買房、只租房，所以須接受自己一輩子花了1,440萬解決自住需求，卻無法擁有一間自己的房屋（且若自己有家庭或孩子時，未來自己的孩子可能也會碰到類似的問題）。

▨ 購屋的房貸支出計算

假設每月花費2萬在居住上（即每月還款2萬），並借貸二十年期限、利率2%的房貸，代表總共約可負擔400萬的房貸金額。

以「房貸小幫手」APP計算每月還款金額範例

如左圖，以「房貸小幫手」APP計算，可算出400萬房貸金額的每月應還款金額，約為20,235元。（註：關於房貸小幫手的步驟操作的詳細說明，請參考P.218。）

◀「房貸小幫手」APP畫面。

因此，假設每月花費2萬在居住上，又另外有存到自備款時，就等於可購買以下價格的房屋。

➡ 400萬＋自備款金額＝有能力購買的房屋總價格

假設自備款存到200萬，則計算方式如下。

➡ 400萬＋200萬＝600萬

▨ 結論

簡單來說，若每月能還款2萬且擁有200萬自備款的人，其實可以考慮購買總價600萬的房屋，來代替一輩子租屋的選擇。

倘若可以申請三十到四十年房貸的話，因為每個月的本利攤還金額會下修，所以可負擔的房屋總額就可以再提升，不過要留意購屋之後，是否確實能以不影響自己生活的負擔方式還款。

 ## 購屋

　　建議先滿足三項前提，再決定是否要購屋，而三項前提分別是：有自住的需求、已存到足夠的自備款，以及經過計算後，確認還款時的房貸月付比，不會影響自己的生活負擔。（註：關於自備款的詳細說明，請參考P.40；關於房貸月付比的計算方法的詳細說明，請參考P.218。）

ARTICLE

03 購屋時的房屋來源

釐清對房屋的需求

確認好自己的購屋需求後，若想要買一間自住的房屋，通常可從以下三個來源尋找符合自己需求的房屋。

實際和房屋仲介面談、諮詢

買方可以直接到房屋仲介公司的店面，向仲介表達自己對房屋的需求，並請仲介協助自己篩選適合的房屋物件後，再約時間請仲介帶自己看屋。關於透過仲介看屋、購屋的優缺點，請分別參考以下說明。

COLUMN 01

透過仲介購屋的優點

❶ 房屋仲介公司通常會對每間房屋進行房屋確認（不同仲介公司可能做法有所不同），包含確認房屋產權沒有問題、製作好不動產說明書等，讓買方不必自行調閱或查找房屋相關訊息；若買方還有其他需要查閱的相關資訊，合理的情況下，通常也可以請仲介協助查詢。

❷ 房屋仲介公司都有長期配合的專業代書、銀行等合作對象，讓買方不必自己花時間另外尋找及聯絡代書，且買方若有任何關於房貸的疑問，也可以透過仲介替自己先向銀行諮詢，或是可以請仲介給予信任的銀行房貸窗口聯繫方式，再自己親自電話聯絡確認房貸細節。（註：買方還是可以自行決定，是否要找自己認識的代書或銀行窗口協助、諮詢，只不過多了房仲的管道，就代表有多一份不同的資源可以運用。）

❸ 買方出價時，仲介會依據從業經驗提出建議，以及與買方討論該區域的房價行情，且有時仲介會比較清楚賣方大概的理想成交金額，因此能協助買方向賣方提出第一口價格時，能較有出價的方向。（註：關於談價方法的詳細說明，請參考 P.149。）

❹ 見面談價時，有仲介作為傳遞談價的第三方，可避免需要買方自己向賣方談判的壓力；且因為大部分買方沒有太多談價經驗，所以可透過仲介的專業協助，使買方在不破壞買賣雙方關係的前提下，能夠談到理想的成交價格。（註：關於見面談的詳細說明，請參考 P.152。）

❺ 有房屋仲介公司協助整體購屋流程的把關，可使買方被詐騙的機率降低，因為仲介公司通常會協助確認房屋物件的產權，並會配合專業的代書協助交屋流程，以及將金流的部分，透過值得信任的履保公司進行把關等，以保護買賣雙方的權益，所以能有效減少受到詐騙的可能。（註：關於常見詐騙的詳細說明，請參考 P.182。）

COLUMN 02

透過仲介購屋的缺點

　　需要花時間找到適合自己的仲介。因為不同的房仲公司及仲介，都有不同的專業和個性，且仲介有分成直營與非直營（加盟）的不同體系，所以如果想要透過仲介找到適合的房屋，就需要願意花一些時間認識不同的仲介。

 購屋小知識 TIPS FOR BUYING A HOUSE
選擇仲介時，有哪些須知事項？

買方找仲介前，可先了解直營店和加盟店仲介的差別，以及如何選擇適合仲介的方法，以下將分別說明。

直營店仲介VS加盟店仲介

選擇房屋仲介時，可根據以下比較表格，選擇符合自身需求的仲介，來協助自己進行購屋。

比較項目	直營店	加盟店
案件處理	由總公司把關房屋案件。	由該分店把關房屋案件。

比較項目	直營店	加盟店
案源推廣	主要以官網為主，且不同公司之間，彼此較少配合。	除了官網外，還會在其他民間房屋銷售網站上架行銷，且不同公司間的分店可能會彼此配合，例如：若A公司有買方想看B公司受託出售的房屋，此時A公司可詢問B公司能否合作銷售，若B公司願意配合，則A公司的買方就有機會看B公司的房屋物件。
斡旋制度	通常是單一斡旋（賣方一次只和一個買方進行斡旋，若該買方斡旋失敗，其他買方才能遞補斡旋的順位）。	可能是單一斡旋，也可能會接受同時有多個買方向同一個賣方斡旋。

（註：關於斡旋的詳細說明，請參考 P.150。）

選擇適合仲介的方法

買方可根據仲介本身的專業度、價值觀，以及自己和仲介相處時的舒適自在程度，判斷是否要繼續接受該名仲介的服務，或是可選擇請其他仲介服務。

建議買方可先與不同仲介實際看3～5間房屋後，再判斷其中有哪些仲介比較符合自己的理想條件，未來就可只選擇這幾個仲介長期配合看屋。

在網路上找房

除了可以請房屋仲介協助找適合的物件來看屋外，也可自己在不同的房屋交易網站上，透過需求條件的篩選及搜尋，尋找符合自己需求的房屋，並能透過網站上的房屋資訊，先初步了解房屋的大致狀況。

若初步確認是自己滿意的房屋，再聯絡負責該物件的仲介或屋主實際現場看屋，而看屋後，若喜歡且確定符合需求，就可進入出價、簽約等流程。關於用此方法找房屋的優缺點，請分別參考以下說明。

在網路上找房的優點

❶ 可在實際看屋前,提前在網路上搜尋房屋資訊。(註:關於線上選屋示範的詳細說明,請參考 P.112。)

❷ 若有需求,再聯絡仲介或賣方看屋即可,自由度較高。

❸ 可不限時間、地點的在網路上找尋物件,加快自己動態調整需求的階段。

COLUMN 02

在網路上找房的缺點

❶ 若買方看上的物件,是沒有委託給仲介銷售的房屋,就不會有第三方替自己蒐集資訊,一切資料只能自己調閱、查找。

❷ 若是屋主自售物件,就沒有第三方介紹熟識的代書或銀行,因此需要自己花時間找信任的代書,以及自己找銀行諮詢問題。

❸ 若是屋主自售物件,而沒有第三方替自己把關購屋流程的安全時,就須自己多做功課,來降低購屋上的屋況問題、產權問題、重大瑕疵、詐騙可能等風險。

直接和屋主聯繫

除了透過仲介及網路的方式找房外,買方也有可能會在實體布告欄或一些網站上,找到自己想要看的房屋,但該物件沒有仲介服務,而是須直接和屋主聯繫,並自己談價、找代書簽約、找銀行送審房貸等。關於用此方法找房屋的優缺點,請分別參考以下說明。

COLUMN 01

直接和屋主聯繫的優點

和房屋仲介公司協助購買相比,跟屋主直接購買,有機會省下服務費的成本並買到房屋(不過要留意,不透過仲介買房雖然可以省下服務費,但不

代表可以買到較低的成交價，因為有時買賣雙方親自談價時，可能成交的金額與房仲成交的金額來說不會落差太大，甚至有可能低一些或高一些）。

直接和屋主聯繫的缺點

❶ 沒有第三方替自己蒐集資訊，一切資料只能自己調閱、查找，也就是本來仲介負責做的事，就須由買方自行處理，例如：調閱謄本、銀行估價、找代書諮詢、產權確認等。

❷ 沒有第三方介紹熟識的代書或銀行，且因為每家銀行適合的房貸案件，以及不同代書的專業也不同，所以買方須多花時間尋找適合自己的銀行，還須確認找到的代書的專業服務內容，是否符合自己的要求。

❸ 沒有第三方替自己把關購屋流程的安全，被詐騙的風險可能較高。

❹ 房屋的成交金額不一定會比較低，因為通常買方並非談價高手，而屋主也不用面對專業的仲介來議價，所以成交時雖然不用支付服務費，但成交金額卻可能比透過仲介成交還要高。

04

釐清對房屋的需求

買房的時機

很多人在買房前，會評估何時才是買房的時機點，在新聞媒體、網路資訊、房產名嘴及專家口中，都時常討論何時才是真正進場買房的最佳時機點，但不同的媒體公司有不同的見解，甚至不同的專家也有不同的觀點，到底何時才是一般自住購屋族群適合的買房時機點呢？

其實，若購屋的目的是自住，無論房價未來是漲價或跌價，對買方都沒有太大的影響，且想預測房市的漲跌非常困難，尤其從近十年來看，台灣地區的房價有漲有跌。

因此，只要自己有確切的購屋需求，且必須透過買房解決自住問題，同時自備款已足夠，並確認還貸款的壓力不會影響生活時，此時就是自己購屋的最好時機。

台灣房價漲跌狀況

根據台灣信義房價指數（不含預售屋）及台灣國泰房價指數（含預售屋）的歷年資料來看，台灣房價在SARS期間、金融海嘯時期，以及二〇一六年前後的新制房地合一稅實行時，都曾發生房價年增率為負數的情況。（註：若想查看台灣信義房價指數圖表或台灣國泰房價指數圖表，可參考 P.34，或掃描以下 QRcode。）

此為「財經 M 平方」網站的台灣信義房價指數圖表頁面 QRcode。

此為「財經 M 平方」網站的台灣國泰房價指數圖表頁面 QRcode。

此為台灣信義房價指數圖表，是針對中古屋房價進行的統計數據。（註：此圖表的來源為「財經M平方」網站。）

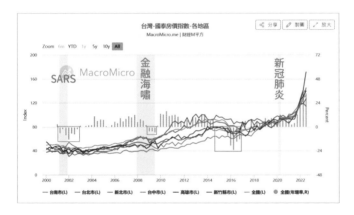

此為台灣國泰房價指數圖表，是針對預售屋及中古屋房價進行的統計數據。（註：此圖表的來源為「財經M平方」網站。）

　　所以買房如果要找確切的「進場時機點」，其實對自住購屋族群來說，真的很難判斷，且通常首購族群買了第一間房屋後，不一定會住一輩子，有可能未來會因為收入提升，以及家庭需求等因素換屋。因此，購屋時比起考量未來房價是否會漲，自住購屋族更需要重視房屋能否滿足自住的需求。

|||||||||||||||||||||||||
COLUMN 01

用假設未來的房價，思考換屋時可能的利弊

　　假設自住購屋族買了一間行情1,000萬的房屋，且未來換屋時，會先將原本的房屋賣掉，再換一間2,000萬的房屋，此時可分成以下兩種情況來思考。

❶ 假設未來大環境房價會漲價

先買1,000萬的房屋，假設未來大環境的房價會漲價20％，則原本1,000萬的房屋售價如下。

➡ 1,000萬×（100＋20）％＝1,200萬

    第一間房屋的價格   漲幅   售出的收入

因此若將原本的房屋賣出，所能獲得的價差如下。

➡ 1,200萬－ 1,000萬＝200萬

也就是說，賣出原本的房屋可獲得200萬的利潤，因此對買方而言是優點。

但因為房價漲價20％，所以原本預計要換的2,000萬新房屋的售價變化如下（假設大環境、小環境、屋況等因素差不多）。

➡ 2,000萬×（100＋20）％＝2,400萬

    第二間房屋的價格   漲幅   購屋的支出

因此新房屋漲價後的價差如下。

➡ 2,400萬－ 2,000萬＝400萬

也就是說，若要購買新房屋，須多支付400萬，而房屋價格增加，代表需要準備的自備款也需要跟著增加，因此對買方而言是缺點。所以對於首購族群來說，買了房屋後未來如果漲價，若打算換屋，不一定只有優點。

❷ 假設未來大環境房價會跌價

先買1,000萬的房屋，假設未來大環境的房價會跌價20％，則原本1,000萬的房屋售價如下。

➡ 1,000萬×（100－20）％＝800萬

    第一間房屋的價格   跌幅   售出的收入

因此若將原本的房屋賣出，所能獲得的價差如下。

➡ 800萬－ 1,000萬＝－ 200萬

也就是說，賣出原本的房屋會導致200萬的虧損，因此對買方而言是缺點。

不過，因為房價跌價20%，所以原本預計要換的2,000萬新房屋的售價變化如下（假設大環境、小環境、屋況等因素差不多）。

➡ 2,000萬 ×（100 － 20）％ ＝ 1,600萬

第二間房屋的價格　　　　跌幅　　　　購屋的支出

因此新房屋漲價後的價差如下。

➡ 1,600萬 － 2,000萬 ＝ － 400萬

也就是說，若要購買新房屋，需要支付的金額會比原本減少400萬，而房屋價格減少，代表需要準備的自備款也跟著減少，因此對買方而言是優點。所以對於首購族群來說，買了房屋後未來如果跌價，若打算換屋，不一定只有缺點。

回到現實面考量

上述是以未來漲價或跌價的前提來思考，同時也是以首購族未來需要換屋的角度切入。但現實中，每人都想在房價最低點買房，但若真的碰到房價下修，如何判斷何時才是真正該進場的時機？何時才是下修幅度的最低點？

買方或許可等房價下跌再購屋，但若須藉由買房解決自住需求時，家人、孩子與自己的住屋需求，是否也有辦法持續等待房價最低點出現呢？

十年前，我在房仲公司上班，當時我還是一個菜鳥仲介，聽到不少看屋多年的長輩們分享，他們都想要等到房價下修，回到半價時再入場購屋，甚至也有帶看到不少首購族，在十年前（約二〇一二年左右）看屋一段時間後，紛紛覺得房價太高，想等到降價或半價以後再入場。

我不確定他們是否真的一直沒買房，但若買房是為了解決自住需求，我不確定等待的這十年，是否有影響到他們的住屋問題，還是在這十年間，眼看房價一直漲，因為等不到房價下跌，就只好先行購買房屋。

以上這種故事非常多，我無法猜測未來房價到底會漲或會跌，但若需要透過購屋解決自住需求，不管未來房價漲或跌，都應該回歸最根本的自身需求、人生規劃及財務配置面，來決定是否要購屋，這才是不變的道理。

買房時的支出
項目及資金來源

ARTICLE

01

買房時的支出項目及資金來源

買房時可能須準備的支出項目

買房時可能須準備的支出項目，可能包含出價時的斡旋金、購屋的頭期款及交屋款，以及仲介的服務費等，以下將分別進行說明。

 ## 購屋費用

為與購屋直接相關的費用，例如：斡旋金、簽約款等，以下分別說明。

購屋費用項目	說明
斡旋金	當買方找到喜歡的房屋後，可向賣方下斡旋並出價，此時須透過仲介轉交給賣方的一筆現金就是斡旋金，且斡旋金額通常是5萬或10萬不等的整數。（註：通常總價越高的案件，斡旋金就會越高；若賣方接受出價，斡旋金就會變成定金，且屬於購屋款項的一部分；關於斡旋金的詳細說明，請參考 P.151。）
簽約款	簽訂房屋買賣契約後三天內（具體時間須依照合約書內容而定），須先支付的第一筆購屋費用，通常金額為房屋總價的10%。
完稅款	為當買賣雙方繳完房屋相關的稅金後，買方須支付給賣方的款項，且通常金額為房屋總價扣除簽約款及房貸的剩餘金額。 例如：房屋總價1,000萬，已支付的簽約款100萬，房貸核准800萬，則完稅款金額的計算方式如下。 ➡ 1,000萬－ 100萬－ 800萬＝ 100萬 因此完稅款金額為100萬。（註：購屋款項中扣除房屋貸款的剩餘部分都屬於頭期款，因此斡旋金、簽約款、完稅款都是頭期款的一部分，

完稅款	且頭期款通常為房屋總價的20%；關於頭期款的詳細說明，請參考 P.40。)
交屋款	買方驗屋確認無瑕疵後，須支付給賣方的最後一筆購屋款項，通常是由提供房屋貸款的銀行進行撥款，且是撥款至履保專戶（參考 P.185）及屋主原貸款銀行的還款帳戶。（註：若屋主還有房貸，就可能會撥款代償；若無房貸，則全數撥至履保專戶。）
違約金	不論是斡旋書、要約書、買賣合約書，若簽訂後違約，就須支付違約金。（註：違約金的確切金額須以當下簽訂的單據條款為主；關於違約金的詳細說明，請參考 P.155。） 斡旋的違約金等於斡旋金；要約書的違約金通常為房屋出價的3%（依要約書上的條款而定）；合約書的違約金通常為房屋總價的15%（依買賣雙方簽約的合約書上的條款而定）。

 # 其他相關費用

為購屋時，除了購屋款項外，其他可能須支付的費用，例如：仲介服務費、申辦房貸的手續費等，以下分別說明。

其他相關 費用項目	說明
仲介 服務費	若有找仲介協助自己找屋、購屋，在成交後，須額外支付仲介服務費，且通常買方的服務費金額為另外支付房屋總價的1～2%。（註：關於仲介服務費的詳細說明，請參考 P.177。）
申辦房貸 的手續費	若有向金融機構申辦房貸，可能須支付一筆手續費，通常為2～5,000元不等；但有時銀行可能會推出免手續費的優惠。
其他稅費 或規費	買方及賣方都有各自須繳交的稅金或規費，例如：契稅、印花稅、履保費、代書費與地政規費、房地合一稅、土地增值稅等。（註：關於其他稅費的詳細說明，請參考 P.204。）
裝潢費	若買方購屋後，想重新裝潢房屋，就須請裝潢公司設計及施工，並支付一筆裝潢費。（註：有時可在簽約前，就先請設計公司同時來看屋估價，這樣比較能確認自備款是否充足，不過還是要留意，時常有人等到交屋確實要裝潢後，才發現裝潢費比當初預計更高的情況，所以建議購屋時資金不要抓太緊，或可多申請房貸的成數，以免不時之需。）

購屋資金來源

　　購屋的過程中，須注意許多流程細項，其中資金配置非常重要，市面上很多買方購屋違約賠款的情況，多半是自備款不足或貸款無法順利核貸導致。

　　因此本章節一開始會從購屋資金的來源進行說明，以免好不容易存下的自備款，由於缺少提前確認資金及貸款的配置，而造成違約賠款的情況。

　　購屋的資金來源可分為自備款及房屋貸款，以下將分別進行說明。

購屋資金來源

自備款 (P.40)

　須由買家自行籌備的購屋頭期款，「通常」為房屋總價的20～30%。

房屋貸款 (P.60)

購屋時向銀行申請的分期貸款，「通常」為房屋總價的70～80%部分銀行的放款專案有機會更高。

自備款

　　購屋時須自行準備的頭期款，金額建議為房屋總售價的**20 ～ 30%**（但要注意，有些物件銀行可貸成數會下修，建議看屋時可請銀行同時估價，或向仲介諮詢確認房屋的可貸款上限），而這筆款項就是自備款。自備款的來源可能是自己的儲蓄、從理財工具中贖回資金，或是由其他人協助提供。

例如：自己買房時，可能會從儲蓄險中借出部分資金（優點是此保單借款不會併入聯徵紀錄的資訊裡，因為保單屬於自己的「資產」，從資產先拿出資金使用，不算是聯徵平台上會看到的「負債」，所以就不會影響後續的房貸申請問題）；或孩子買房時，父母可能會幫忙支付一部分的頭期款等（目前年輕人買房，家人資助的案例不少，不過要留意贈與稅問題，以及房貸每月本利攤的負擔須提前計算清楚）。

總價1000萬

頭款200萬	房貸800萬
須注意贈與稅（P.42）	須計算每月房貸負擔率（P.51）

自備款應準備多少金額的計算方法

自備款應準備多少金額，須視自己想買的房屋總價格而定。因為銀行審核通過後，所能提供的房貸金額大約是總房價的70～80%（因為銀行對於特殊物件的可貸款金額有限，所以抓70～80%區間計算），所以買方須準備的自備款，大約是總房價的20～30%。自備款的金額計算公式如下。

➡ 總房價×20～30%＝自備款金額

假設想購買1,000萬元的房屋，而銀行審核通過的房貸成數是總房價的80%，則自備款至少須準備總房價的20%，則計算方式如下。

➡ 1,000萬×20%＝200萬

因此，可算出自備款須至少準備200萬。

自己能夠買的房屋總價上限計算方法

若自備款為房價的20%，代表可透過目前存到的自備款金額，推算自己能夠買得起的房屋總價上限，也就是計算出自己的「房屋總價上限金額」。自己能夠買的房屋總價上限計算公式如下。

➡ 總房價×20%≒自備款金額

➡ 自備款金額÷20%≒總房價（房屋總價上限金額）

➡ 自備款金額×5≒總房價

從上述公式可知，自備款的五倍就是預計最高可買的房屋總價上限金額。

假設目前已經存到300萬的自備款，則房屋總價上限金額的計算方式如下。

➡ 300萬×5＝1,500萬

因此，可算出此時買得起的房屋總價上限為1,500萬。

▨ 協助提供自備款須知：注意是否會被課贈與稅

若其他人想出資協助自己買房，就須留意出資者是否會被課贈與稅。根據法律規定，除了配偶之間互贈金錢不會被計算在贈與額度中，其他人只要每年贈與別人的總金額超過244萬元（贈與行為發生日在110年12月31日以前為220萬元），其中超出的金額就會被政府計入在贈與額度內。

每年贈與總金額	是否須課贈與稅	須繳多少稅
244萬以下。	否。	0（免稅額）。
超過244萬。	是，須根據贈與淨額的大小課稅。（註：贈與淨額＝每年贈與總金額－244萬。）	❶ 贈與淨額2500萬以下：須繳贈與淨額的10%。 ❷ 贈與淨額2500萬～5000萬：須繳贈與淨額的15%＋250萬。 ❸ 贈與淨額5000萬以上：須繳贈與淨額的20%＋625萬。

贈與稅金額的計算公式如下。（註：以下為贈與淨額2,500萬以下的計算公式。）

➡ （贈與金額－244萬贈與稅免稅額）×10%＝贈與稅金額

假設父親直接給孩子400萬，則應繳的贈與稅金額的計算方式如下。

➡ （400萬－244萬）×10%＝15.6萬

因此，可算出父親須被課15.6萬的贈與稅。但若父親將400萬元中的200萬元先給母親，再由父母分別給孩子200萬元，就不會被課贈與稅。

因為父母每年各自都有244萬的贈與免稅額可以使用，而200萬少於244萬，所以沒有超過贈與的免稅額度，因此不會被課贈與稅（但建議若自備款不是由本人支付，購屋前可請專業代書協助試算相關稅費比較安全）。

COLUMN 01
購屋前的資金配置

先釐清個人財務狀況，並學習儲蓄，再將部分的積蓄用途訂定為「自備款」（專款專用），就能有計畫的開始存下自備款。

而透過列出資產負債表（存量）、收入支出表（流量）、現金流量表（流向）等個人財務報表，就能協助自己釐清個人財務狀況，以下將分別進行說明。

▦ 資產負債表（了解存量）

買房需要自備款，所以在買房前，須知道自己用了多少「資產」買房屋。因為買房是為了解決自住問題，但若買房後卻讓自己的生活無法繼續累積資產，反而累積更多負債，進而影響生活負擔，就會變成自己不樂見的情況。

❶ 使用動機

在買房前，建議寫出自己的資產負債表，檢視目前自己名下有多少資產及負債，如此才知道買房時，須配置多少的自備款資產來購買房屋。

❷ 實際應用

資產負債表是協助釐清自己共有哪些資產及負債的表格，且表格是由「資產」及「負債」兩部分組成，而透過填寫資產負債表，可確認自己現在有多少資金存量。

其中，常見的資產包含：現金、定存、股票、儲蓄險、房屋、汽車等，而常見的負債包含：信用卡債、各種貸款、向身邊親友的借款等。

以下（P.44）為資產負債表的填寫示範。

資產負債表（填寫範例）			
資產		負債	
資產類型	金額（元）	負債類型	金額（元）
現金	5,000	信用卡債	50,000
定存	400,000	就學貸款	200,000
股票	20,000	親友借款	10,000
汽車	500,000		
其他	0		
總資產合計	925,000	總負債合計	260,000
資產淨值（總資產－總負債）		925,000 － 260,000 ＝ 665,000	

以下為空白的資產負債表。

資產負債表（空白）			
資產		負債	
資產類型	金額（元）	負債類型	金額（元）
總資產合計		總負債合計	
資產淨值（總資產－總負債）			

▨ 收入支出表（了解流量）

雖然已有資產負債表，可用來了解自己的資金存量有多少，主要目的是讓自己在財務自由的過程中，釐清自己購入多少資產，並逐漸增加自己的被動收入，但每人當下的資金有限，若無法馬上買入足夠資產來增加被動收入，就須依靠往後每月的「現金流」來逐漸累積購入資產，因此需要收入支出表。

❶ 使用動機

收入支出表對討論買房面向的幫助，為假設現金存量還不夠買房時，就需要運用收入支出表，來判斷自己每月的現金流量有多少、需要多久才能達到自備款的負擔。

另外，可並從此表中確認，是否有哪裡需要額外開源，或如何節流的方法；且可提前計算出，買房後每月會有多少房貸支出、是否在買房後現金流依然能有盈餘，如此買房後才不會有太大的生活負擔壓力。

❷ 實際應用

收入支出表是協助釐清自己現在每月現金流（總收入－總支出）是盈餘（大於0）、打平（等於0）或超支（小於0）的表格。其中，收入可分為主動收入、被動收入等，而支出可分為固定支出、貸款支出等。

另外，只建議現金流為盈餘的人開始存自備款；若現金流是打平或超支的人，建議先將財務目標設定為開源節流，直到現金流能夠變成盈餘為止，而不必急著購屋。

以下為收入支出表的填寫示範。

收入支出表（填寫範例）			
收入		支出	
收入類型	金額（元）	支出類型	金額（元）
本月主動收入（例如：工作薪資）	45,000	本月固定支出（例如：生活費、保險費等）	20,000
本月被動收入（例如：股票配息）	5,000	本月貸款支出（例如：車貸、學貸等）	10,000
總收入	50,000	總支出	30,000
每月現金流（總收入－總支出）		50,000 － 30,000 ＝ 20,000	

以下為空白的收入支出表。

收入支出表（空白）			
收入		支出	
收入類型	金額（元）	支出類型	金額（元）

總收入　　　　　　　　　　　　　總支出

每月現金流（總收入－總支出）

▨ 現金流量表（了解流向）

透過收入支出表了解自己每月的現金「流量」後，就可計算大概多久時間後，能夠存到足夠的自備款，但若希望能增加有限的每月現金流量，就要從「開源節流」著手。

❶ 使用動機

現金流量表能協助檢視自己的資金都用在哪裡，所以可以探討自己的消費習慣，從中確認自己的資金使用習慣，是否有哪裡需要調整。

因為用錢的習慣是從金錢的潛意識建立而成，所以如果有使用現金流量表紀錄下來，就較有機會裡解自己能從何處調整用錢的方式。

❷ 實際應用

現金流量表是協助了解自己每月現金流向的表格，以檢視自己都將錢花在哪些地方，並找出有沒有能減少花費的非必要支出項目，填寫此表格時，須詳實記錄每一筆收入及支出的項目、金額，才能有效追蹤現金流向。

若真的無法詳實記錄每一筆數字，至少也要做到「抓大放小」的方式，了解自己每個月主要資金都使用在哪裡。

以下為現金流量表的填寫示範。

現金流量表（填寫範例）	
項目	金額（元）
期初現金	100,000

	項目	金額（元）
現金流入	主動收入	120,000
	被動收入	15,000
	其他收入	0
現金流入小計		135,000
生活支出	食（食材、外食費）	30,000
	衣（治裝費）	2,000
	住（房租）	0
	行（交通費）	5,000
	樂（娛樂費、社交費）	10,000
	公益（捐款）	0
	生活用品	5,000
	保險費	5,000
	水電費、瓦斯費、電話費等雜支	3,000
	孝親費	0
	旅遊費	0
	其他	0
理財支出	儲蓄險	10,000
	基金、股票、債券等	30,000
	教育（學習費）	5,000
貸款支出	房貸	18,500
	車貸	5,000
	信貸	8,000
	卡債	0
	其他	0
現金流入小計		136,500

現金流量表（填寫範例）	
項目	金額（元）
現金流量（現金流入－現金流出）	135,000 － 136,500 ＝ － 1,500
期末現金（期初現金＋現金流量）	100,000 ＋（－ 1,500）＝ 98,500

以下為空白的現金流量表。

現金流量表（空白）		
項目		金額（元）
期初現金		
現金流入	主動收入	
	被動收入	
	其他收入	
現金流入小計		
生活支出	食（食材、外食費）	
	衣（治裝費）	
	住（房租）	
	行（交通費）	
	樂（娛樂費、社交費）	
	公益（捐款）	
	生活用品	
	保險費	
	水電費、瓦斯費、電話費等雜支	
	孝親費	
	旅遊費	
	其他	
理財支出	儲蓄險	
	基金、股票、債券等	

理財支出	教育（學習費）	
貸款支出	房貸	
	車貸	
	信貸	
	卡債	
	其他	

現金流入小計

現金流量（現金流入－現金流出）

期末現金（期初現金＋現金流量）

基本上，每月的生活支出、投資支出，加上儲蓄的金額，假設等於每月的總現金流入金額，只是每個人在生活支出、投資支出及儲蓄上，會有不同的比例分配，例如：一個人的收入可能會分配成25%生活支出、25%投資支出、50%儲蓄。

另外，可將現金流量表內各項金額整理成如下的圓餅圖，以了解自己分別讓多少比例的收入流向生活支出、投資支出及儲蓄。

而在儲蓄項目中，自備款應只占儲蓄的一部分。因此，只要自己訂下自備款想占儲蓄的多少比例，就可計算每月能存下多少自備款，以及存夠自己想買的房屋自備款還須花費多少時間。（註：關於自備款應準備多少金額的計算方法的詳細說明，請參考P.41；關於自己能夠買的房屋總價上限計算方法的詳細說明，請參考P.41。）

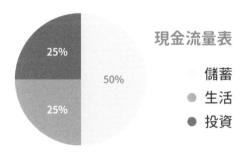

生活支出、投資支出及儲蓄比例的範例圖。

流向儲蓄的現金流，可再細分成不同用途的財務目標，例如：購屋自備款、理財資金、緊急備用金等。

為什麼不將全部的積蓄都當作自備款？

若將所有的積蓄都用於支付自備款，就會使自己缺少緊急預備金，以及能用在其他用途的資金，例如：理財資金、結婚資金等。而導致自己購屋後，就沒有多餘的積蓄能做其他想做的事，或只要一遇到意外需要用錢的情況時，自己的財務狀況就會陷入危機。

因為買房是人生階段性目標之一，但如果為了買房，而影響到其他的人生規劃，那也不是我們希望發生的狀況，所以在買房前，就可以在資金配置中，妥善規劃「專款專用」的儲蓄理財概念，避免好不容易存了一筆資金後，卻因為全部成為投入買房的頭期款，而影響後續人生的其他階段性目標。

COLUMN 02

購屋後的資金配置

為了避免在購屋後產生房貸負擔過重的狀況，建議應在購屋前，考量自己在購屋後，是否能滿足以下的資金配置。若有任一條件無法達成，建議先不要馬上購屋。

▨ 存有緊急備用金

購屋後，儲蓄中仍有足夠自己過三到六個月生活的緊急預備金，就是自己若沒有工作收入，也還能夠負擔的三到六個月生活費（包含購屋後的房貸本利攤金額）。

▨ 房貸不影響生活

建議每月的房貸負擔率（參考 P.51）盡量維持在30%以下，至多盡量不超過60%，房貸負擔率可用個人或家庭收入來計算，並依照自己買房後的財務情況進行計算；如果是單身，就用個人來計算；如果有配偶，就可用家庭收入來計算。

什麼是房貸負擔率？

為每月房貸支出約占每月收入的比例，又稱為月付比（公式請參考 P.218），
例如：月收入5萬、房貸月繳3萬，此時房貸負擔率為：（3萬÷5萬）×100%
＝60%。

◼ 房貸不影響其他人生階段性目標

建議每月須支付的房貸金額，不要影響到其他理財或人生規劃，例如：不會
因為購屋後，就無法繼續每月原有的定額投資，或無法存下結婚資金等，所
以每一筆人生階段性的目標資金，建議盡量以「專款專用」的方式準備。除
非真的綜合評估確認後，要使用其他儲蓄及投資的資金來買房也可以，但絕
不可影響生活負擔，以免買了房後，因繳不起房貸而房屋被法拍。

COLUMN 03

常見的理財配置方法

運用財務報表了解自己的資金存量、流量、流向後，我們該用什麼理財配置
方法（就是分配自己每月的總現金流入在支出、儲蓄等用途比例的方法），才能
有效率的將每月現金流量，妥善配置起來呢？

以下將會介紹幾種理財配置方法，大家可以選擇一種自己喜歡的方式做配
置，進而幫自己存下買房的自備款。而常見的理財配置方法包含：333法則、
523法則、6罐子理財法、631法則等。

理財配置方法名稱	理財配置比例說明
333法則	指將每月總現金流入按照以下比例分配：1/3生活支出、1/3投資支出、1/3儲蓄。
523法則 （若333法則負擔較大，可以選擇此方式）	指將每月總現金流入按照以下比例分配：50%生活支出、30%非必要性支出、20%理財（含投資及儲蓄）。

理財配置方法名稱	理財配置比例說明
6罐子理財法 （平衡人生階段性各目標）	指將每月總現金流入按照以下比例分配：50%生活支出、10%財務自由（投資）、10%教育（學習）、10%娛樂、10%長期儲蓄、10%捐贈。
631法則 （建議新手可配置的方式）	指將每月總現金流入按照以下比例分配：60%生活支出、30%理財支出（理財支出包含投資及儲蓄，其中生活支出＋理財支出＝90%即可）、10%保費。

以631法則的配置為例，生活支出、理財支出及保費的計算公式分別如下。

➡ **每月總現金流入×60%＝生活支出**（例如：租金、餐飲、娛樂費等。）

➡ **每月總現金流入×30%＝理財支出**（例如：儲蓄、投資、備用金等。）

➡ **每月總現金流入×10%＝保費**（例如：壽險、車險、醫療險等。）

假設月收入5萬元，則生活支出、理財支出及保費的計算方法分別如下。

➡ 5萬×60%＝3萬

➡ 5萬×30%＝1.5萬

➡ 5萬×10%＝0.5萬

因此，可計算出生活支出、理財支出及保費的金額分別是3萬、1.5萬及0.5萬，其中須注意的是，有些家庭可能支出不高，但不用勉強自己要花費到60%，或有些家庭儲蓄不高，也不用勉強自己非得要減少必要開銷，只要生活支出和理財支出合計起來約90%即可。（註：若想使用「資金配置表」計算及記錄自己的理財配置比例，請參考P.227。）

另外，理財配置方法沒有優劣之分，只要能滿足自己的理財需求，都是適合自己的配置方法。

▨ 理財金字塔介紹

若想判斷自己現在是否已達到理想財務階段，可用以下（P.53）的「理財金字塔」判斷自己的財務狀況屬於哪一階層。（註：下圖中的被動收入為理財所得的收入，例如：股票的配息、定存的利息等。）

只要自己的財務狀況，屬於「理財金字塔」中的財務獨立或財務富饒，就代表已經步入財富自由的階段。（註：被動收入的意思是只須付出一點心力維護，就能定期賺取的收入，例如：房租收入、股票股利、銀行存款利息等，但前期要創造被動收入，須付出非常多心力及時間。）

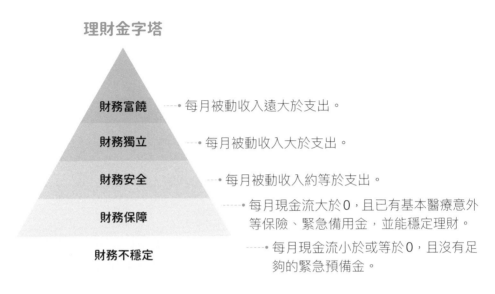

理財金字塔

財務富饒 ┈• 每月被動收入遠大於支出。

財務獨立 ┈• 每月被動收入大於支出。

財務安全 ┈• 每月被動收入約等於支出。

財務保障 ┈• 每月現金流大於0，且已有基本醫療意外
等保險、緊急備用金，並能穩定理財。

┈• 每月現金流小於或等於0，且沒有足
夠的緊急預備金。

財務不穩定

購屋小知識 TIPS FOR BUYING A HOUSE
期望被動收入需多少本金的計算範例說明

期待每個月有多少被動收入，並換算成實際需要多少本金的計算公式如下。

➜ **每年所須的被動收入金額÷年投資報酬率＝獲得財富自由所須的最低本金**

若期望自己退休後，每月有5萬的利息可當作生活費使用，每年須至少有60萬元的被動收入，才能達到此期待，假設有在做長期理財的功課，使每年穩定投報率單利率約6%（若平常還沒開始做理財的功課，利率可以先下修到2～4%左右），則計算獲得所須的最低本金的方式如下。

➜ **60萬÷6%＝1,000萬**

因此，可計算出本金須至少存到1,000萬，才能達到期望（即每年被動收入能至少5萬）。

但假設平時沒有在學習投資理財，有可能抓2%的儲蓄來做配置也可以，但需要的本金會加倍，計算方式如下。

➡ 60萬÷2% = 3,000萬

有或沒有學習理財，對每月希望有穩定5萬被動收入所須的本金，相差2,000萬左右，等同一輩子可能要再多做一、兩份工作才能達成，所以若以增加被動收入和財務自由的面向思考，會建議大家花一些時間學習理財，如此更有機會縮短達到財務自由的時間。

常見的理財工具

以下會以每年大概的報酬率，將幾種常見的理財工具進行分類及介紹。

每年大概的報酬率	理財工具名稱	理財工具特性
1～3%	儲蓄險	❶ 通常要數年才能還本（依照不同的商品而定）。 ❷ 有些儲蓄險的理財回本，通常能複利成長。 ❸ 儲蓄險最常見的是六年期，因此閉鎖期至少六至七年，在此期間不能動用其中資金，所以代表這筆資金必須是短期不會用到的配置。 ❹ 若是外幣的儲蓄險，雖然有可能賺到匯利，但需要留意匯差風險。 ❺ 如果可以撐過還本期，就有機會進入複利滾存，風險不僅較小，也可當作多一筆能夠動用的臨時備用金。 ❻ 使用時，除了解約外，通常依照不同儲蓄險的商品內容，有機會選擇部分解約或保單借款（保單借款不影響聯徵信用和負債）。
	住家出租	❶ 投資報酬率為：**每年出租收入÷購入總成本**，例如：若每月租金2萬元，房屋購入總成本1,000萬元，則投報率為：（2萬×12）÷1,000萬 = 2.4%。

1 ~ 3%	住家出租	❷ 出租住家的資金流動性較低，即使賣房產也較難即時變現。
	車位出租	❶ 投資報酬率為：**每年出租收入÷購入總成本**，例如：若每月租金4,000元，車位購入成本200萬元，則投報率為（4,000×12）÷200萬＝2.4%。 ❷ 需注意車位的資金流動性較低，若想賣車位也較難即時變現。
4 ~ 6%	基金、股票、債券	❶ 能穩定配息。 ❷ 資金流動性較高，變現性較高。 ❸ 但若即時變現，可能會有虧損的問題。
	太陽能板投資（提供屋頂出租，讓專門的公司安裝太陽能板，以收取太陽能發電的部分收益）	❶ 能穩定配息。 ❷ 一次簽約通常為二十年期，因此至少二十年不能動用其中資金，資金流動性低。
	P2P借貸（透過平台借出自己的資金，收取還款利息）	❶ 屬於短期配息。 ❷ 通常一年一約，媒合後，至少一年內不能動用其中資金。 ❸ 此為無擔保品的借貸方式，因此可能會面臨借款人還不出錢的風險。（註：不建議新手使用此規劃。）
6 ~ 12%	成為房產二房東（開發大房東出租的物件，與大房東談好租金，再出租給其他租客，以從中賺取租金價差）	❶ 需要主動從租屋平台上開發。 ❷ 要用合法合理的方式與大房東溝通討論。 ❸ 需要每年的租金成本，以及一次性硬裝潢或軟性裝潢的成本。 ❹ 須進行租客的篩選及管理。 ❺ 各區平均投報率不一定，有些情況可能超過10 ~ 20%以上。

每年大概的報酬率	理財工具名稱	理財工具特性
6～12%	開自助洗衣店	用當二房東的方式，租下一間店面，開設自助洗衣店，但須負擔租金、店面裝潢、購置或維修機器設備、洗劑、水電瓦斯、清潔等費用。
	空間出租	用二房東的方式，租下一個空間，並運用裝潢的方式合法調整格局，將其區分出不同空間，以出租給他人使用，通常以小時計費。
	不動產債權	❶ 不動產債權屬於有擔保品的借貸，所以借款人若還不出金額，可能會走向擔保品的處分，目前在台灣有許多這類型的平台媒合公司。 ❷ 普遍投資資金約5,000元以上。 ❸ 各案件都會有綁約期間，通常一至兩年居多，但借款人可能會申請展延寬限，那麼投資人的金額就可能會拉長贖回時間。 ❹ 目前平均投報大概6～10%。 ❺ 要非常留意合約細節，雖然屬於月配息，但還是要判斷其風險。（註：比起P2P無擔保品的投資，不動產債權投資風險較低一些。）
	國際金融	就是坊間有時會聽到的海外私募基金投資，但市面上有些非屬金管會規範內的合法投資，若是跨國際的海外私募基金投資，一定要非常留意其風險。
	虛擬貨幣	以一般金融投資來說，虛擬貨幣的投資風險較高，市面上有許多虛擬貨幣相關的投資方式，建議投資規劃前，要配置好自己的資金規劃，若是新手，建議拿閒錢的少部分來配置即可。

▨ **選擇理財工具須知**

選擇將自備款配置在理財工具中時，除了應評估投資報酬率及須承擔的理財風險外，更須注意自己投入理財工具中的資金，是否能在自己計畫買房的時間，成功變現為自備款。例如：若自己計畫在三年內購屋，就不建議將自備款投入超過三年都無法動用其中資金的理財工具。

計畫購屋的時間所建議理財配置對應表			
購屋時間 理財工具 資金閉鎖期	短期（三年內）	中期（三到六年）	長期（六年以上）
三年內	○	○	○
三到六年	×	○	○
六年以上	×	×	○

（註：資金閉鎖期為暫時無法動用理財工具中的資金的時長，比如三年資金閉鎖期等於三年內，資金都無法被動用。）

購屋小知識 TIPS FOR BUYING A HOUSE

為什麼有些人寧願用「儲蓄險保單質借」的資金作為自備款，而不使用信用貸款？（註：「儲蓄險保單質借」為利用自己的儲蓄險保單，向保險公司進行貸款的行為。）

因為聯徵紀錄中，雖然會呈現一個人向金融機構的借貸紀錄及信用評分，但「儲蓄險保單質借」（保單借款）的貸款方式，不屬於聯徵紀錄的記載範圍。

若自備款不夠時，建議保單借款的原因

因為保單屬於自己的資產而非負債，所以在購屋資金配置時，若一時自備款不夠，但又捨不得解約儲蓄險，就可以考慮使用保單借款，等未來資金充足，再將借款還完，此份儲蓄險依然會繼續理財，等於多一份資金配置帳戶可以調用。

而且保單借款的還款，並非一般貸款的本利攤還，而是只繳利息，因此壓力會少很多，且通常保單借款的額度，大概是該儲蓄險保單價值準備金的六到七成左右。

使用信貸的缺點

但若使用信用貸款的方式取得資金，除了會在聯徵裡留下紀錄，也有可能會因為償債能力計算、短期債務擴張等因素，而可能影響後續的房貸申請，所以這部分需要特別留意。

57

設定購屋計畫

購屋計畫包含釐清購屋的目標、確認哪些人擁有購屋的決定權、開始儲蓄自備款，以及擬定購屋後的還款計畫，以下將分別進行說明。

◩ 認清購屋目標

購屋前，須確認自己的目標是自住或投資，因為購屋目標不同，選屋時所須考量的因素也會不同。

購屋目標		選屋時的考量因素
自住		包含大環境、小環境、屋況等，詳細說明請參考 P.93 的選屋四步驟。
投資	賺價差	是否能以低於行情的價格買進，且賣出時賺取價差。
	收租金	是否有足夠的租屋族市場能使租金收入穩定，並選擇適當的租客，避免租客不愛惜房屋或沒按時繳租金等情況。

◩ 確認決定權人

看屋前，應確定自己購屋時，具有決定權的人（買房時，必須經過他的同意或意見討論後，才能買房的人）共有哪些人，包含會出錢的人、未來會一起居住的人，或會一起登記的房屋共同持份人。（註：關於確認決定權人的詳細說明，請參考 P.80。）

◩ 每月提存自備款

有購屋的打算後，應每月從自己的儲蓄中，提存一部分的金額作為自備款預算。（註：關於自備款應準備多少金額的計算方法的詳細說明，請參考 P.41；關於購屋前的資金配置的詳細說明，請參考 P.43；關於常見的理財配置方法，請參考 P.51。）

◩ 擬定還款計畫

指在購屋前，先計算購屋後，自己每月應攤還多少房貸。

此為房貸小幫手APP圖示。

計算房貸的攤還金額範例

可使用APP「房貸小幫手」，設定貸款金額、年期、年利率等，讓APP替自己計算實際每月應還多少金額的房貸。

不過，若以房貸年利率2%為計算示範，可參考以下表格，查看分期借貸500萬及1,000萬時，分別每月攤應還多少金額。（註：目前房貸年利率約為2%上下。）

房貸金額 / 房貸分期	500萬	1,000萬
二十年	每月應繳 2.5萬。	每月應繳 5萬。
三十年	每月應繳 1.85萬。	每月應繳 3.7萬。
四十年	每月應繳 1.5萬。	每月應繳 3萬。

此為房貸小幫手的APP介面。（註：假設年利率2%。）

而在擬定還款計畫時，應考慮以下幾點。

❶ 計算自己不同年紀的還款能力，是否能負擔房貸？

❷ 是否能盡量讓房貸負擔率在30%以下？（註：關於房貸負擔率的詳細說明，請參考P.51。）

❸ 開始繳房貸時，其他人生目標是否依然可以達成？（註：關於購屋後的資金配置的詳細說明，請參考P.50。）

❹ 可從房貸還款計畫中，判斷下次的換屋資金是否足夠？

計算下次換屋金額範例

假設自己房貸借款金額為1,000萬元，貸款期數為360個月，此時本息平均攤還的金額大致如下表所示。

房貸本息平均攤還表（範例）			
您的借款金額	1,000萬元。	總償還利息	3,305,230元。
貸款月份	360個月。		
期別（月）	每期償還金額（元）	償還本金（元）	償還利息（元）	貸款餘額（元）
1	36,970	20,303	16,667	9,979,697
12	36,970	20,679	16,297	9,754,115
60	36,970	22,399	14,571	8,719,928
120	36,970	24,753	12,217	7,305,345
240	36,970	30,229	6,741	4,014,636
360	33,000	32,945	55	0

若要評估自己下次換屋大致可用的自備款金額，須先確認自己預計幾年後換屋，再假設能以原價賣出自己的舊屋為條件，就能以：「舊屋售出價格－N年後貸款餘額＝換新屋的自備款」的算式，計算出自己換新屋時，能籌出多少自備款。（註：若先售出舊屋後的資金還清房貸，再購買新屋，除了可能獲得較好的新屋房貸條件外，也較不會碰到兩邊同時繳房貸的情況，或自備款要額外從0開始累積的壓力，所以通常規劃換屋時，普遍會選擇先賣再買的方式，如此計算時，才須減掉N年後的貸款餘額。）

例如：假設十年後換屋，此時房貸已還120期，由上表可知房貸餘額為7,305,345元，而舊屋以原價1,000萬元售出（假設房價持平，不考慮漲跌問題），因此新屋的自備款就至少有：1,000萬元－7,305,345元＝2,694,655元（約260萬多元）。

房屋貸款

　　資金配置的部分，除了需要在買屋前，規劃好自己的自備款外，購屋後的房貸申請、每月還款負擔等，也是在買房前需要計算清楚的部分。

可是實際在購屋時，買方不容易了解自身的條件可以申請多少的房貸額度，而市面上常碰到的違約賠款案件，許多都是因為貸款無法如期核貸所導致，因此為了避免這樣的情況發生，以下將說明房屋貸款的細項須知。

房屋貸款簡稱房貸，為買房時須向金融機構（常見為銀行、農會、保險公司及信用合作社等）借貸來支付房價的款項，金額至多通常為房屋總售價的70 ～ 80%（有些銀行的房貸專案有機會貸到85 ～ 90%的成數，只是可能需要搭配信貸或是其他方案）。

關於房貸的種類、房貸的流程、房貸的審核邏輯、房貸的篩選方法，以及其他關於貸款的概念，以下將分別進行說明。

COLUMN 01

房貸的種類

可分為購屋房貸及非購屋房貸兩大種類。

▦ 購屋房貸

為首購族購買自用住宅時，以房屋為擔保品進行抵押，向金融機構申請的房屋貸款。

只要申請購屋房貸者的資料審核過關，就能獲得房屋總價約70 ～ 80%的貸款金額，且還款年限大部分為二十到四十年之間（年限需要個案評估，通常以二十年還款年限居多）。

購屋小知識 TIPS FOR BUYING A HOUSE

什麼是首購族房貸？

對提供房貸服務的金融機構而言，首購族房貸的條件不是「首次購買房屋」的人，而部分銀行認定首購族的房貸條件，有以下兩種常見情況，且較多比例的銀行屬於第❷類型的認定方式。

❶「名下無自有住宅」且「當下沒有購屋房貸」的人。
❷ 名下雖然有自有住宅，但沒有購屋房貸的人。

▨ 非購屋貸款

同樣是以房屋為抵押品（擔保品），向金融機構申請的房屋貸款，只是此筆貸款的用途不能是為了購買不動產，而是獲得一筆可動用的資金。關於常見的非購屋貸款類型，以下將分別說明。

常見的非購屋貸款種類	非購屋貸款的種類說明	常見申請時機
房屋增貸	指向原本提供購屋貸款的金融機構提出申請，額外再申請一筆貸款。	申請人需要一筆可長期使用的資金時。
房屋轉貸	又稱為房貸轉貸，指將原本在A金融機構的房屋貸款，轉到其他B金融機構。	申請人有機會從其他金融機構申請到利率更低、還款期限更長等條件的房屋貸款，且原本提供購屋貸款的金融機構，無法給予相同優惠條件時。
理財型房貸	為一種只繳利息而不繳本金的房貸，通常年其為三到七年，少部分銀行有機會超過十年以上，利率會比一般房貸高，屬於可隨借隨還的房貸，但要留意在約定期間內，須償還完全部本金。	申請人臨時需要一筆短期使用的資金，且一旦使用完就能盡快歸還時。
二胎房貸	又稱為房屋二胎、二順位房貸，指將原本已經有購屋貸款的房屋當作擔保品，向另一間不同的金融機構再次申請房屋貸款，但通常此筆貸款的利率或還款年限等條件，會比第一順位的購屋貸款較不優惠。	申請人急需現金，且名下有房產，但因房屋估價或申請人的資格條件有限，而較難申請到房屋增貸時。

COLUMN 02

申請房貸的流程

購屋時，買方須在購屋合約簽訂完成後，才能進行正式房貸申請。不過，在簽約前，買方就能先請銀行協助估價，以便自己能擁有和賣方出價洽談的資訊，以及讓銀行能初步確認房屋價格，並有機會知道房屋是否存在會影響房貸申請的

其他因素。例如：銀行估價時，若房屋屬於銀行認定為較高放貸風險的物件，買方最高能申請的房貸成數可能會下降為60%或70%，而無法獲得80%的貸款成數。此時買方若沒有能力另外籌措出差額的資金，就不建議簽約，否則容易因支付不出房價而被迫違約，並因此被罰款。

房貸流程

銀行詢價 → 出價洽談 → 簽約成交 → 申請房貸 →（3～7天 可找3家）→ 初審 →（3～7天 找1家）→ 對保 → 撥款

選適合的銀行

問5找3送2備1　　　　　　驗屋有瑕屋可延後撥款

另外，申請房貸至初審結果出爐的時間約須三到七天；而從初審到對保所須的時間也約須三到七天。（註：不同銀行所需工作天會有差異。）

購屋小知識 TIPS FOR BUYING A HOUSE
什麼是對保？

就是房貸申請人和一間金融機構簽約，並確定該金融機構提供的房貸條件有符合自身需求，而合約內容包含：額度、利率、年限、寬限期、綁約期限、還款方式、手續費等細項。

COLUMN 03
房貸的審核邏輯

金融機構的房貸審核判定包含三面向、六關卡，其中三面向分別是：物況、人況、聯徵，而六關卡是三面向下的六個審核條件，分別是：房屋的估價、是否為標準品；申請人的職業、收入；以及申請人聯徵紀錄中的負債、信用狀況。

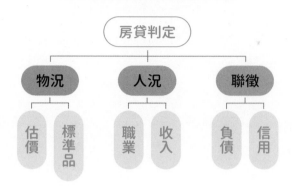

房貸判定的三面向六關卡

房貸判定

物況 ─ 估價 / 標準品

人況 ─ 職業 / 收入

聯徵 ─ 負債 / 信用

　　而根據三面向、六關卡的審核後，必須六個關卡全數通過，金融機構才會提供申請人所能得到的房貸條件，包含貸款額度、貸款利率、還款年限、寬限期長短、是否須綁約、還款方式選擇、是否須繳納手續費，以及是否購買房貸保險等。

　　但只要一個關卡沒通過，就有可能無法申請到理想的房貸條件，或是需要找其他適合的銀行來個案評估送審。

 購屋小知識 TIPS FOR BUYING A HOUSE

申請房貸的小技巧「問5找3送2備1」是什麼意思？

「問5找3送2備1」是當申請人預計送審房貸時，建議「可以詢問5家或多家金融機構；找出3家想送審房貸的金融機構；實際上先送審2家金融機構，並將最後1家預留備用」。

只找3家金融機構的原因

而建議只找出3家的原因是，申請人正式送審房貸都會留下聯徵紀錄，而當近期送審聯徵紀錄超過三次時，其他家金融機構願意審核通過的機率會大幅降低。因為短期內聯徵次數過高時，金融機構會擔心是否有較高的放貸風險，所以建議在正式送審房貸時，選3家以下就好。

只送審2家金融機構的原因

「實際上先送審2家金融機構，並將最後1家預留備用」的原因，是為了讓申請人可以留退路。例如：有時申請人會忘記自己有一些信用卡的卡循、百元

提款或薪轉帳戶月光等情況，就送審房貸，導致有可能2家金融機構都不通過審核。

此時申請人即可透過被2家金融機構拒絕的理由，再重新到備用的1家金融機構確認是否能夠接受此情況，若可以的話，就能夠再行送審，如此就有機會在不會超過三次房貸送審紀錄的條件下，成功申請到購屋貸款。

▨ 物況（判斷房屋的價值性）

為申請人所購買的房屋的價值性。一般金融機構會從房屋的估價及房屋是否為標準品，來判斷房屋作為擔保品，該房屋可以貸款的上限金額有多少。

物況的判斷依據 （六關卡）	說明
房屋的估價	❶ 銀行對房屋的估價不一定等於市場行情價格，但和市場行情價格有正相關的關係，因為銀行估價通常相對保守，必須為借款人未來是否會有呆帳風險做考量。 ❷ 銀行對房屋的估價是根據過往其他鄰近相似房屋的成交價進行評估 ❸ 房貸的可貸金額是根據房屋成交價或銀行估價的金額中，取金額較低者進行計算。例如：假設房屋成交價為1,000萬、銀行估價為800萬，在計算房貸金額時，就會以「800萬×房貸成數」為最高物況可貸房貸金額；假設屋成交價為1,000萬、銀行估價為1,200萬，就會以「1,000萬×房貸成數」為最高物況可貸房貸金額。
房屋是否為標準品	❶ 房屋標準品為符合「88法則」的房屋，也就是符合「市場上80%客戶的80%需求」的房屋，例如：公寓單樓層或電梯兩房、三房等，市場接受度較高的物件。 ❷ 常見的非標準品房屋包含：套房、工業住宅、頂樓加蓋、一樓店面、隔套收租式的房屋、位於山坡列管地的住宅、地下室陽光屋等，此類型物件可以購買，只是部分銀行可能會對其貸款額度進行限制，或因為較難估到成交價，導致核貸額度受限，因此在出價前，建議可多問幾家不同的銀行來做評估。 ❸ 若購買非標準品的住宅，申請購屋房貸時，銀行願意提供的

物況的判斷依據 （六關卡）	說明
房屋是否為 標準品	房貸成數上限可能會下降（通常不一定能貸到80%），因此買方須注意自備款是否足夠。 例如：假設買方自備款為200萬，並預計貸款80%，以購買成交價1,000萬的房屋，但若買方決定購買非標準品，即使成交價只要900萬，看似比較便宜，可是由於銀行只願意提供70%貸款成數上限的房貸（900萬×70%＝630萬），就會導致買方仍短少70萬資金的狀況（200萬＋630萬＝830萬，而830萬－900萬＝－70萬）。 所以為了避免這種情況，建議在出價前就要先請銀行估價，部分銀行有機會對特定的非標準品提供較高的額度。（註：以上主要分享的是普遍80%銀行可能會對非標準品的額度限制，但部分銀行有機會提供較高成數的貸款，所以建議在出價前，可多詢問不同家銀行，對此類型物件做估價。）

▨ 人況（判斷能不能還款）

銀行評估完第一面向物況的「估價」及「標準品」後，就有相對應的房屋價值，作為最高可申請房貸金額的參考，但不代表一定可以申請到此金額，因為第一面向只是針對房屋的價值做評估。因此，第二面向將要評估借款人的「人況」，也就是申請人的職業及收入，以此判斷申請人有沒有「能力」歸還貸款。

人況的判斷依據 （六關卡）	說明
申請人的職業	❶ 穩定：銀行通常會判斷申請人的工作是否滿至少6個月或任職一定的時間以上，來判斷對方職業是否穩定。若任職期間太短、剛換不同領域的工作，或換工作之間的空窗期太久，可能銀行對於職業的穩定性就會比較有疑慮。 ❷ 合法：確認申請人的職業是否合法，若屬於特殊行業或風險較高的行業，對銀行來說，放貸的意願會較有限。
申請人的收入	❶ 收入認定條件：金融機構能認定的收入最好具備以下條件。（註：若不符合以下條件，依然有機會通過房貸審核，只是須進行個案認定。）

申請人的收入	ⓐ 固定薪水（薪資浮動度小）。 ⓑ 有薪資轉帳紀錄（銀行能看到每月穩定薪資流向）。 ⓒ 有報稅紀錄（可確認薪轉公司的報稅證明，做雙向確認）。 ⓓ 獎金幅度變化小（有些銀行會在意獎金浮動比例過高的情況，例如：業務工作或科技業工作，此時獎金可能會被打折認列）。 ❷ **計算月付比**：金融機構會根據房貸每月本利攤及申請人的月收入，計算未來還款時的月付比（每月還款本利攤金額占每月收入的比例，計算公式請參考P.218），通常能被接受的比率是60%以下，少部分銀行有機會到70%，而此數字簡稱「月付比」。

購屋小知識 TIPS FOR BUYING A HOUSE

如何快速計算自己最高可貸到多少房貸？

以下方法僅適用於完全符合「人況」中四項收入認定條件（參考P.66）的人，因此建議未來看屋時，還是請銀行協助估價確認，同時評估人況，如此是否核准的準度會更準確。

而以年利率2%、還款年限二十年為條件，根據APP「房貸小幫手」的計算，以及月付比60%回推後，可得出下表。（註：關於APP「房貸小幫手」的說明，請參考P.218。）

年收	60萬	120萬	600萬
月收	5萬	10萬	12.5萬
月付比（60%）	3萬	6萬	7.5萬
最高可貸金額	600萬	1,200萬	1,500萬

由上表可知，在貸款條件為二十年還款年限、2%的條件計算時，購屋房貸的最高可貸金額為年收入的十倍（若非二十年還款年限，就無法這樣試算），因此計算公式如下。（註：但必須符合上述的各項收入認定條件，才可速算。）

➡ **房貸的最高可貸金額＝年收入金額×10**

➡ **假設年收60萬，60萬×10＝600萬（最高人況可貸金額）**

➡ **假設年收100萬，100萬×10＝1,000萬（最高人況可貸金額）**

若無法使用快速計算法,該如何計算自己最高可貸到多少房貸?

當借款人的收入沒有全部符合四項收入認定條件(參考 P.66)時,可以採用以下方法來計算自己最高可貸到多少房貸。

STEP 01 重新計算自己的月收入

假設從事業務工作的小明,一年的底薪為70萬,且一年的獎金為30萬,若銀行決定將小明的獎金收入打7折認列,則小明新的年收入計算公式如下。

➡ 70萬+(30萬)×70% = 91萬

底薪　　　獎金　　　　　　新的年收入

而小明新的月收入計算方式如下。

➡ 91萬 ÷ 12 ≒ 7.6萬

新的年收入　12個月　新的月收入

因此小明重新計算自己的月收入,約為7.6萬。

STEP 02 計算房貸月付比60%的金額

計算出新的月收入後,可用以下公式計算房貸月付比60%時,小明每月最高可負擔多少房貸的還款金額。

➡ 7.6萬×60% = 4.56萬

　月收入　　　　　每月最高可負擔多少房貸的還款金額

STEP 03 從借100萬的每月須還款金額,推算最高可借到多少房貸總額

從「房貸小幫手」APP的計算可知,若以年利率2%、還款年限二十年的條件借貸100萬,每月約須償還0.5萬(請參考右圖)。

因此可透過以下公式,計算出不同月付比金額所能借到的最高房貸金額是多少。

➡ 100萬:0.5萬=最高可借到的房貸金額:可負擔的60%月付比金額

➡ (100萬×4.56萬)÷0.5萬 = 912萬

可負擔的60%月付比金額　　　　最高可借到的房貸金額

因此,可計算出小明最高可借到的房貸金額為912萬。

▓ 聯徵（判斷會不會還款）

儘管物況有價值，人況評估也有能力還款，但金融機構不確定借款人是否會如期還款，此時就須透過聯徵平台來判定借款人的信用評分。

「聯徵」為金融機構判定申請人的信用評分，它是聯徵中心（全名為財團法人金融聯合徵信中心，是台灣地區唯一跨金融機構的信用報告機構）所管理的資料平台，而此資料平台有每個人的負債紀錄，以及在金融機構的繳款紀錄等，並會根據這些資料計算出每個人的信用分數。

因此金融機構會調閱申請者的聯徵紀錄，並確認對方的負債情況，以及過往的信用紀錄，若申請人當下的負債過多，或是信用分數不佳，就會較難使房貸審核通過，或是只能取得較差的房貸條件。

聯徵的判斷依據 （六關卡）	說明
負債計算	❶ 金融機構計算月付比（參考 P.218）時，若申請人除了房貸外，身上還有其他負債，則其他負債也會被列入月付比的計算，因此申請人若有其他負債，金融機構能通過審核的房貸額度可能會降低，甚至無法審核過關。 ❷ 若申請人同時擁有多筆信用貸款、卡循等負債，金融機構可能會要求申請人先還完其中幾筆負債，才能核准貸款，或可能要求並協助申請人進行債務整合（非債務協商）。 所以在出價談之前，除了請銀行估價外，同時也可向銀行諮詢，自己負債的情況應該如何配置，才能夠如期讓房貸審核通過。
信用評估	❶ 金融機構會查閱的聯徵紀錄，包含：信用卡是否有遲繳紀錄、是否有信用卡循環利息、目前是否有和金融機構進行債務協商等信用問題。 ❷ 金融機構較不願意核准貸款給「信用小白」，通常是28歲（各家銀行規範不相同）以上，卻完全沒有任何信用卡使用紀錄或是貸款往來紀錄的人。（註：此處貸款往來紀錄不含就學貸款，因此只有學貸紀錄的人也算是「信用小白」。） 因為比起完全沒有信用紀錄可查的申請人，銀行更傾向將資金借給具備「有借有還」紀錄的人，所以完全無信用紀錄的申請人，對銀行來說放貸風險反而可能較高。

聯徵的判斷依據 （六關卡）	說明
信用評估	❸ 金融機構較不願意核准貸款給短期查詢聯徵次數紀錄超過三次的人，所以申辦房貸時，才會通常以三家為限。 ❹ 金融機構較不願意核准貸款給申請過聯徵紙本紀錄的人，除非有合理的理由，例如：剛好轉職到銀行上班，有些金融業需要員工就職之前確認聯徵紀錄。 但若申請人無法提出合理說明，只是單純希望從紙本聯徵上確認自己的信用及負債細節，則銀行審查可能會覺得，若借款人連自己的負債和信用都沒印象或沒自信，銀行要怎麼相信借款人的信用？ 所以若是申請紙本聯徵，問題就會比較大，很有可能會直接被銀行婉拒貸款。（註：使用自然人憑證線上申請的人較不受影響。）

購屋小知識 TIPS FOR BUYING A HOUSE
能提升信用分數的方法是什麼？

基本上和銀行往來時，有做到「有借有還」，都能維持不錯的信用分數，例如：準時繳交信用卡費、準時還信貸或房貸等。若「信用小白」想培養自己的信用紀錄，只要申辦一張信用卡並每月小額消費後，按時全額繳清即可。

不建議為了培養信用而借信貸

另外，常聽到坊間有人分享「申請信貸並按時還款」的培養信用方法，但我比較不建議採用此方式，因為雖然此方法也可以培養信用，但光是手續費和利息的金額就不少。

購屋小知識 TIPS FOR BUYING A HOUSE
若名下有負債，會影響房貸多少呢？

很多人以為如果名下負債已經100萬，就頂多能從銀行借到的房貸會少100萬，但銀行看的不是負債總額度，而是從每個月還款負擔能力回推月付比計算。

假設申請人名下的負債有100萬房貸（月繳0.5萬）、50萬車貸（月繳1萬）、50萬信貸（月繳1.5萬），比起申請人完全沒有負債的情況下，可能會少貸多少金額呢？很多人以為少貸的金額計算方式如下。

➡ 100萬＋50萬＋50萬＝200萬

但實際上不是這樣算，應該要把所有月繳金額加起來後，回推房貸總金額，計算方式如下。

➡ **每個月的還款負擔多了0.5萬＋1萬＋1.5萬＝3萬**

若以年利率2%、還款年限二十年的條件申請房貸，可知若借貸100萬，每月約須償還0.5萬（詳細說明參考P.68），因此可用以下公式計算，若每月有能力多還款3萬，最高可多借多少金額的房貸。

➡ 100萬：0.5萬＝最高可借到的房貸金額：3萬
➡ （100萬×3萬）÷0.5萬＝最高可借到的房貸金額
➡ （100萬×3萬）÷0.5萬＝600萬

所以若每月須多繳3萬的負債，就等於能跟銀行借到的房貸，和自己沒有負債相比，會少借600萬。因此，對於自身負債來說，要很留意是否會影響未來自身的償債能力月付比計算，進而影響房貸額度的申請。

房貸審核邏輯對房貸條件的影響						
	房貸審核邏輯（三面向六關卡）					
房貸條件	物況		人況		聯徵	
	估價	標準品	職業	收入	負債	信用
成數	○	○	○	○	○	○
利率	不一定	○	○	○	不一定	○
年限	×	○（屋齡）	不一定（年紀）	不一定	×	×
寬限期	×	○	×	○	○	○
是否綁約	視各金融機構的不同房貸方案而定。					
還款方式	申請人可自由選擇，最常見的方式包含：本金均攤、本利均攤。					
是否收取其他費用（例如：手續費）	視各金融機構的不同房貸方案而定。					
是否提供貸款保險	視借款人的風險規避及家庭需求而定，但金融機構不能硬性規定投保。					

（註：以上表格內容中，○代表會對房貸條件產生影響，×代表不會。）

房貸的篩選方法

　　當房貸送審並已通過三面向六關卡（參考 P.64）的審核後，若申請人成功通過兩家以上金融機構的房貸初審時，即可透過以下方法，篩選出對自己最有利的房貸方案。

▓ 最優先考慮房貸成數

　　因為房貸成數會直接影響到自己可以借貸多少金額，而若借貸金額不足，就會有違約罰款的風險，所以確保自己能籌備出足夠支付房價的金額是最優先的考量。

　　因此建議在跟銀行確認房貸方案時，優先將可提供較高房貸成數的銀行列入考慮，除非自備款金額充足，不一定非得要高成數的房貸，才能將成數不當作首要考量。

　　只是普遍在選擇房貸時，首購族需要八成的比例很高，故在自備款有限情況下，成數就會是最優先的思考方向。

購屋小知識 TIPS FOR BUYING A HOUSE

申請房貸時，一定要申請到最高的可貸額度嗎？

　　有些買方不希望貸款太多金額，怕未來造成自己的還款負擔，但通常會建議一開始申請時，可先申請八成（滿額度），因為買來自住的房屋，未來可能會需要裝潢費、設計費、家具購置費等額外的費用，所以先申請房屋貸款出來備用，會比較有彈性。

增貸的缺點

　　有人會問，為什麼不等到真的需要用時，再申請增貸？因為增貸的條件和購屋貸款的條件完全不同，不僅利率高、年限短、還要再付一次手續費，並且還要額外再支付給地政機關地政規費等費用。

　　與其如此，不如一開始申請房貸額度時，就先申請八成（滿額度），等到交屋撥款、裝潢完成並入住後，再大額還款即可。

但有人會擔心，這樣不就還要多付利息？假設總價 1,000 萬的房屋，原本只預計申請 600 萬，但為了彈性使用，所以申請了 800 萬，也就是多了 200 萬。過了兩個月，裝潢等流程結束再大額還款，則這兩個月多付了多少利息？若以房貸利率 2% 計算，算式如下。

➡ 200 萬 ×2%×2 月 ÷12 月 ＝ 6,600 元利息

但這筆利息金額，遠比額外申請 200 萬增貸的成本要低很多，而且進可攻、退可守，不用再跑一次房屋增貸的三面向六關卡（參考 P.64）審核流程。

結論：建議申請到最高的房貸可貸額度

綜上所述，建議一開始申請房貸的額度可以先申請多一些，等未來真的用不到後，再大額還款即可，且大額還款後，每月的本利均攤通常也會一起下修，不會影響總繳利息（此方式可請銀行估價時做確認）。

次要考慮房貸利率及年限

由於房貸利率及還款年限都會影響自己未來還款時的月付比（參考 P.218），因此為了使還款時的財務壓力降低，在選擇房貸成數相同的房貸方案時，建議選擇房貸利率較低，或還款年限較久的方案。至於應較注重利率或年限，可依個人需求自行評估。

有人可能會擔心，年限申請太長，是不是要繳比較多的利息？沒錯，申請二十年和申請三十年的房貸相比，申請三十年還款年限的房貸利息會較多。

但我們買一間房屋自住時，就算申請二十年還款年限，也有可能第八至十二年後換屋，房屋就會賣掉，自然就會清償塗銷原本的房屋貸款。

其次，雖然我們申請三十年還款年限的房貸，不代表一定要慢慢還三十年，也可以只用二十年還完三十年的房貸，如此比較不會衍生利息多繳的問題。

但也有人不適合此方案，例如：若是平常沒有在理財的人，或可能有額外多花錢的不良消費習慣者，就建議選擇二十年的還款年限，以當作幫自己強迫儲蓄。

選擇申請還款年限較長方案的優點？（以三十年為例）

❶ 因為每月的月付金額較低，所以每月少繳的房貸金額可拿去做其他規劃。

❷ 若哪一期臨時繳不出來，還有可能因為三十年的還款年限拉長，而降低繳不出來的遲繳風險，因為三十年還款年限的本利均攤金額，比二十年的本利均攤金額還低。（註：假設同樣是申請1,000萬房貸、利率2%，若年限二十年，每月的本利均攤約5萬；但若年限三十年，每月就只須繳3.7萬。）

❸ 若想大額還款，依然可提前償還，不一定要用三十年慢慢繳利息。因此，拉長房貸年限屬於進可攻、退可守的一種選擇。

▦ 最後考量其他因素

除了房貸成數、房貸利率及還款年限，房貸條件還包含寬限期長度、是否綁約、還款方式、是否有手續費、是否有房貸保險等其他因素等。

以上都屬於選擇房貸方案時的最後考量因素，且對於其他因素的選擇方法，可依個人需求自行評估。

選擇房貸方案範例

假設申請人送審房貸後，通過的房貸方案為下列兩種。

房貸條件	A銀行的房貸方案	B銀行的房貸方案
成數	60%	80%
利率	2%	2.1%
年限	20年	30年
寬限期	寬限3年	不提供
是否綁約	不須綁約	綁約3年
還款方式	本利攤還	本利攤還

| 是否收取其他費用（例如：手續費） | 不須支付 | 須付5,000元 |
| 是否需要房貸壽險 | 不要求 | 不要求 |

根據房貸的篩選方法（參考P.72）中可知，若自備款有限，儘管以上（P.74）表格中的B方案只有成數較優惠，但為了能夠順利履約，也只能選擇B方案；但若自備款充足的情況下，可以接受六成的房貸，也就是說自己已有四成以上的自備款，此時就可以考慮A方案。

購屋小知識 TIPS FOR BUYING A HOUSE

申請房貸時，建議選擇哪種還款方式比較有利？

市面上有許多不同的還款方式，例如：本利均攤（本息均攤）、本金均攤、雙週繳、抵利型房貸等方案，每個方案都有各自的優缺點，但綜合大部分的還款方案和理財方式後，建議選擇最基本的本利均攤即可。

本金均攤可省下更多利息嗎？

可是網路上有些人會建議，選擇本金均攤，可以省下更多利息，是真的嗎？沒錯，本金均攤就是提前強迫自己先繳多一點本金，未來就可省下更多利息。

若是以強迫自己儲蓄的角度來看，只要確定不影響生活支出，且沒有其他金流理財的工具選擇，此時選擇本金均攤就沒問題。

用本利均攤也能省下利息的技巧

但一般來說，還是會建議選擇本利均攤的原因，是因為還款人可以自由選擇是否要大額還款，讓自己本金提前繳交，減少往後的利息，而不是只有本金均攤才能達到強迫自己儲蓄的目標。

例如：選擇本利均攤後，等到自己每年的年終或有一筆投資利潤進來後，再進行大額還款，就不會讓自己的現金流產生過多的壓力，是屬於進可攻、退可守的選擇方案。

如同上述提到的成數選擇（P.72）、年期選擇（P.73），還有這裡的還款方式選擇，都是在提醒大家，要注意現金流的使用及配置彈性。

其他關於貸款的概念

除了金融機構有提供貸款服務，申請人還能在民間貸款機構或高利貸機構申請貸款，以下為三者年利率的比較。

金融貸款	民間貸款	高利貸
❶ **年利率** 根據法律規定，年利率不可超過16%；購屋貸款利率一般常見為約2%上下。 ❷ **舉例** 若借貸100萬，每年須支付的利息至多16萬；購屋貸款每年須支付的利息約2萬。	❶ **年利率** 常見年利率24～36%不等（可能低一些或高一些）。 ❷ **舉例** 若借貸100萬，每年須支付的利息約為24～60萬。	❶ **年利率** 常見年利率約100%以上。 ❷ **舉例** 若借貸100萬，每年須支付的利息約為100萬以上。

因此，若申請人急需借款，最有利的借款順序為：建議先找金融機構貸款，且不要借高利貸。

另外，建議別找不認識的代辦業者申請房貸，因為可能流程中會有問題，除了會收取較高的報酬費用外，未來跟某些銀行可能會無法再往來。

但不代表所有代辦業者都不好，只是若要找代辦，建議以自己認識的代辦為優先，且盡量找金融機構申請貸款為主。

▨ 貸款的種類

貸款的種類可根據申請人是否有提供擔保品，而分為：有擔保品的貸款，以及無擔保品的貸款。其中，有擔保品的貸款條件會優於無擔保品的貸款條件，例如：利率較低、年期較長、額度較高等。

有擔保品的貸款種類	無擔保品的貸款種類
例如：房貸、車貸。	例如：信貸、信用卡循環利息、信用卡預借現金。

▨ 不同貸款的比較及建議貸款順序

貸款條件	房貸	車貸	信貸	卡循	民間貸款
有無擔保品	○	○	×	×	不一定。
最高額度	通常最高為房價的八成。	通常最高為車價的八成。	最高為月收入的二十二倍。	依照卡片額度。	不一定。
年利率	約2%。	3～15%。	3～15%。	通常為15%。	24～36%。
年限	二十到四十年。	三到七年。	三到七年。	可只繳利息。	通常為零到三年。
綁約	通常兩到三年。	通常一到三年。	通常一年。	無規定。	不一定。
手續費	0～5,000元。	2～9,000元。	2～9,000元。	無規定。	通常為該次借貸額度的至少6%以上。
建議選擇順序	1（最優先選擇）	2	3	4	5（最後選擇）

不同貸款的債務整合範例

假設小明原有的負債狀況如下表，此時小明負債100萬，每月須繳2.8萬。

貸款條件 \ 貸款種類	房貸	車貸	信貸	卡循	民間貸款
總借貸額度	無	無	20萬元	30萬元	50萬元
年利率	2%	5%	10%	15%	24%
年限	二十年	七年	五年	無規定	三年
月繳金額	無	無	4,300元	3,700元	2萬元

若經過債務整合（代表將多筆借貸款項合併成一筆），例如：申請房貸，並用房貸的錢先將其他債務繳清，最後只須每月繳房貸，則小明的負債狀況會變成如下表。

貸款條件 \ 貸款種類	房貸	車貸	信貸	卡循	民間貸款
總借貸額度	100萬元	無	無	無	無
年利率	2%	5%	10%	15%	24%
年限	二十年	七年	五年	無規定	三年
月繳金額	5,000元	無	無	無	無

由此可見，小明同樣是負債100萬，若改成只有房貸，每月須繳的金額會從2.8萬元降低為5,000元。因此建議貸款申請人，只要擁有房產或車輛，就建議先選擇房貸、車貸，以使自己的還款壓力減至最低。

另外，建議在申請貸款前，優先找多家金融機構諮詢確認後，再做選擇比較安全。

看屋須知

INSTRUCTIONS FOR HOUSE VIEWING

ARTICLE

01

看屋須知

看屋前準備

　　了解完上一章節的購屋資金計算方法，以及買房計畫的規劃須知後，買方就可以開始準備約房屋仲介看屋。但須注意，看屋時，並非只需要評估屋況和自身需求。其實很多人買不到房屋，並不是真的沒有適合的房屋，而是有時碰到適合的房屋後，卻在與其他家人或決定權人的溝通中，失去了適合的物件。

　　為了避免這樣的情況發生，建議看屋前須先確認決定權人，並統整決定權人及自身的需求後，再開始找適合的房屋，而以下將分別針對決定權人的判斷，以及統整需求的部分進行說明。

看屋前的準備事項

確認決定權人 (P.80)

　包含出錢的人及會一
　起居住的人。

統整需求 (P.85)

評估及統整出對理想房
屋的各項需求，並填寫
「需求評估表」。

確認決定權人

　　在看屋之前，須先判斷與統整自己買房時，有哪些人屬於自己購屋時的決定權人，釐清後，再跟決定權人一起確認需求及購屋細節，如此就可以集

中真正該注意的細項來做討論，並更有效、更容易找到適合自己的房屋，以下將分享確認決定權人的方式。

決定權人的種類

 出錢的人

是自己買房時，會協助提供買房資金的人，例如：可能是父母、其他長輩或兄弟姐妹等。

因為買房的過程中，就算看到一間很喜歡的房屋，仍須跟出錢的人溝通，看自己要買的房屋，對方是否也喜歡。畢竟對方是出資者，必須讓對方同意或願意點頭出錢，才能順利買房，所以會一起幫買方出錢買房的人，通常也是決定權人之一。

 一起居住的人

是買房後，會和自己一起住進新買住宅的人，例如：可能是父母、其他親戚、另一半等。

畢竟買房後，也需要考量同住家人的住屋需求，如果買了他們不適合居住的房屋，等於沒有實質解決家人居住需求的問題。為了避免類似情況，一開始在看屋前，就要先確認買房後，有哪些人會一起同住，並將同住家人的需求提前考量進去，這樣才能更有效的買到一間適合自己和同住家人的房屋。

COLUMN 01

帶著全部的決定權人一起看屋

實際看屋時，建議要帶著全部的決定權人一起看屋，以免出現「自己選好房屋後，卻被其他沒看屋的決定權人否決」的情況。

如果沒有帶著決定權人一起看屋，可能會失去很多溝通討論的機會，甚至導致自己好不容易花了很多時間，找到理想的房屋，卻因為看屋過程中缺乏和決定權人充分的溝通討論、了解彼此需求，以及讓決定權人被市場教育的機會，而須被迫重新調整需求後，再次經歷看屋、選屋的重覆過程。

「讓決定權人被市場教育」是什麼意思？

假設父母是自己購屋時的決定權人，而父母上一次買房或看房的經驗，可能是二十年前的事，但房屋市場變化很快，現在的房屋和父母當時買的房屋，在材質、價格、屋齡、公設比等方面都已經不同。

因此，帶著決定權人一起看屋，能讓他們更了解當下市場的房屋狀況，而較不會以過去的經驗，輕易否決自己找到的理想房屋。

▨ 看屋範例說明

假設小明想買1間房屋，作為和未婚妻結婚後一起住的新家，而準岳父得知後，願意出資贊助小明買房。此時，買房的決定權人就有小明、未婚妻、準岳父三人。

❶ 若決定權人沒有一起看屋

原本小明打算帶未婚妻及準岳父一同看屋，但他們希望小明先看到自己喜歡的房屋後，再帶未婚妻看，且未婚妻如果也喜歡，再邀請準岳父看屋。

小明覺得這方法可行，畢竟自己先篩選過的物件，能省下未婚妻和準岳父的時間。好不容易小明看了10間房屋，終於找到1間滿意的物件。於是小明找未婚妻一起複看，雖然未婚妻覺得這間房屋不錯，但未婚妻認為購屋不算小事，希望能看10間左右，再挑1間請準岳父來看屋。

而小明在看50多間房屋後，也帶未婚妻看了其中5～6間房屋，好不容易有1間房屋讓未婚妻特別喜歡，於是兩人找準岳父來看屋。

過程中，準岳父也覺得這間房屋還不錯，是小明看了50～60間左右的房屋後，才挑選到的，不過準岳父認為，這間房屋是他看的第1間，因此希望能多看幾間再做決定，結果看屋的重責大任，又落回小明的身上。

倘若每個決定權人都要看10間房屋後，才能選出1間理想房屋，此時若小明、未婚妻、準岳父沒有一起和仲介看屋，而是由小明先看10間房屋，並挑中1間理想房屋後，才請未婚妻實際看屋，此時小明的理想房屋就會成為未婚妻看的第1間房屋，因此為了要讓未婚妻看10間房屋，小明就須先看過100間房屋。

以此類推，若等未婚妻從10間房屋挑中1間後，才讓準岳父看屋，但這間房屋卻是準岳父看過的第1間，因此為了要讓準岳父看過10間屋子，未婚妻就須看100間房屋，而小明就須看1,000間房屋。

若小明每看10間房屋，才請未婚妻看1間房屋。　　若未婚妻每看10間房屋，才請準岳父看1間房屋。

若未婚妻要看100間房屋，等於小明得看1,000間房屋。　　若準岳父想看10間房屋，等於未婚妻得看100間房屋。

❷ 若決定權人有一起看屋

假設每個決定權人都要看10間房屋後，才能選出1間理想房屋，此時若小明、未婚妻、準岳父三人約好一起看屋，即可在三人一起看過10間房屋後，就共同選出1間理想房屋。

另外，所有權人一起看屋的重點不是看過的房屋數量，而是他們「共同」看屋的過程。當決定權人一起看屋，就會有更多溝通討論的機會，能讓彼此知道各自有哪些需求和在意的條件。

而若在看屋過程中，就可以依靠各自的決定權人透過共同看屋經驗，來調整需求及選屋計畫，如此就更有機會提早找到適合自己的房屋。

小明
未婚妻
準岳父

若全部決定權人一起看屋，可能只要看10間房屋，就有機會找到理想的房屋，而不用看到百間以上，還找不到方向。

看屋小知識 TIPS FOR HOUSE INSPECTION
建議總共看幾間房屋後，再選擇購買？

首先，對首購族而言，通常看屋次數在20～30間時，就能有明確的選屋方向或結果。

但若首購族看了20～30間都還找不到理想物件，此時的問題點可能就不是看屋次數，而是自己的期望與房屋市場的現況太過脫節。若碰到此情況，建議先別急著繼續看屋，而是應該反觀過去看屋的過程中，有哪些共同的問題一直無法解決，並思考是否應該要在這些無法解決的問題上，動態調整自己的看屋需求，以符合當下購屋市場的狀況。

例如❶：原本買方想選電梯兩房的物件，且希望有兩套衛浴，但看屋的過程中發現，現在電梯兩房的室內坪數不充足，若想找到兩套衛浴，基本上非常困難，也不符合目前房屋市場的情況，因此只能改找一套衛浴的電梯兩房，或資金足夠的情況下，改找電梯三房物件，才比較有機會符合買方需求。

例如❷：原本買方很在意採光，希望一定要找三面採光的邊間，或獨棟四面採光的物件，但在看屋的過程中發現，這種物件不是很貴，就是數量很少，因此買方可將需求調整為不是邊間或獨棟的物件。也許買方看過後會發現，自己能接受的採光需求並非無法退讓，並在看屋過程中，自然就將自己能接受的缺點底線拓寬，而非從第1間房屋看到第20間，需求都完全不變。

因此，看屋前可先幫自己設定購屋需求，而有些需求一定得達到，但有些需求可以動態調整。而看屋的過程，就是在了解自己有哪些需求可接受動態調整，並和自己的決定權人看屋及溝通討論後，做出適合的調整，如此就能在有限的看屋次數裡，找到真正適合自己的房屋。

不要追求看屋次數，而是要確認是否能滿足需求

其次，須理解若盲目追求看屋次數，可能會因此被過去的看屋經驗，限制未來的買屋機會，結果反而較難找到適合自己的物件，因為可能會不小心被以前被看過的房屋定錨（影響思維）後，而影響後來選屋的決定。

例如：雖然自己遇到了心目中90分的房屋，但因為自己曾看過95分的房屋，且當時並沒有購買，所以就容易認為儘管90分的房屋已經很不錯，可是還想再多考慮、多看幾間，而導致自己無形中有了「必須找到超過95分以上的房屋才可以購買」的迷思，並容易因此錯過許多適合自己的房屋。

但實際上，因為首購族的第1間房屋，很可能買了以後，未來因為家庭需求關係可能會換屋；或即使是換屋族群，未來可能已經打算長期定居在此，也須理性思考換屋真正的需求有哪些，如果可以解決與克服這些真正在意的需求，就不一定要追求所謂滿分的房屋，如此會更有效率的找到適合自己換屋的物件，所以不用盲目追求滿分的房屋，而是應該找一間能解決自住需求，且適合自己和決定權人的房屋。

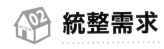 **統整需求**

確認完決定權人之後，須評估及統整出自己對理想房屋的各項需求，例如：期望多久能找到房屋、期望的房屋總價範圍、屋齡、住宅周邊環境，以及未來是否有換屋的可能性等，而在統整需求時，可透過「需求評估表」整理出自己對房屋的所有需求考量。（註：關於需求評估表的詳細說明，請參考P.91。）

▨ 影響購屋需求的因素

指會影響自己看屋時對房屋需求的因素，包含現在的購屋動機，以及未來的換屋動機。

影響購屋需求的因素	現在的購屋動機	未來的換屋動機
說明	當下想買房的主要原因。	未來會搬家、換屋的可能原因。
舉例	可能包含現在工作的通勤需求、結婚成家後要搬出父母的住處、期望孩子能到特定學區上學等。	包含未來被外派至其他區域工作的可能、孩子已經長大並結婚成家、想就近照顧年邁的父母並一起住、擁有孫子女後需要三代同堂居住、屋齡太久而不得不遷出等。

有些買方看屋時，會以該房屋未來的周邊環境發展，作為選屋的考量因素之一，這種情況十分常見，也相對重要，例如：未來附近是否有購物商場、捷運交通等機能，都會成為影響買方是否要選購該物件的考量因素。

但若買方「現在」的購屋需求，必須透過「未來」的環境改變才能夠滿足，就可能不小心會有選屋的盲點，所以現在的購屋動機及未來的換屋動機必須一起思考。

像是有些代銷、仲介或建商會告訴買方，房屋未來附近會增加公園綠地或捷運站等，以此吸引買方出價購買。但若該房屋須等到「未來」才能滿足買方「當下」就須解決的自住需求，其實代表該房屋並不一定適合買方購買。

例如：買方希望房屋能解決自己「現在」上下班捷運通勤的交通需求，但某間房屋可能「未來」兩、三年後才會有捷運，於是該房屋就無法解決買方當下的需求。

因此，若買方購屋是為了解決當下的自住需求，就須以「現在的購屋動機」及當下的購屋需求，作為選屋時的首要考量。

看屋小知識 TIPS FOR HOUSE INSPECTION

若預計未來很快就會換屋，須注意哪些事項？

若明確知道自己未來五到八年後就會換屋，就建議不要花費太多錢在裝潢預算上，因為之後賣出裝潢過的房屋時，即使買方願意因為有裝潢而提高購買單價，也不一定能回收自己的裝潢成本。

因此，建議花多少資金裝潢房屋的重要衡量因素之一，是自己打算在這間房屋住多久？若要住二十年以上，多花一些資金裝潢並沒有什麼問題；但若五到八年後就預計換屋，就可考慮減少裝潢費用，並將省下來的資金，作為未來換屋時的自備款。

例如：若原本買了一間1,000萬的房屋，其中裝潢花了300萬，但賣屋時，假設房價不變，或許只能賣1,100萬，而短少的200萬就是自己失去的成本；而若短期內（五到八年後）可能換屋，就建議不一定要花重金裝潢，假設改花100萬進行裝潢，後來以1,050萬賣出，雖然還是少了50萬的回收成本，但和300萬裝潢相比，卻多了250萬自備款可運用在下一間房屋上，甚至還可以使自己有機會提前換屋。

COLUMN 01

購屋需求種類說明

買方對購屋的需求可分成四個種類，分別是：購屋動機、基本需求、房屋需求、環境需求，以下將說明。

❶ 購屋動機

包含首購、再購、換屋、工作需求、結婚成家、投資等，此處主要是指「現在」的購屋動機。

購屋動機項目	說明
首購	購買第一間自住的房屋。（註：銀行房貸的首購含意和此處的首購不同；關於銀行房貸的首購的詳細說明，請參考 P.61。）
再購	原本已經擁有至少一間房屋，且打算再買一間。
換屋	決定賣掉原本已經有房屋，並買另一間房屋，可以是❶先買後賣或❷先賣後買。 ❶ 若是先買後賣，可能須面臨同時有兩筆房貸的壓力問題。 ❷ 若是先賣後買，可能須臨時搬家找地方租，或向買方回租原本房屋。 **建議作法** 但若無法確定自己是否能承擔「先買後賣」的兩邊房貸壓力，會建議先賣後買。 雖然此作法可能需要回租或找地方再租屋，但比起先買再賣，就沒有賣屋的急迫壓力問題，也不用擔心被兩邊房貸壓力追著跑，而不小心賣出不理想的價格。
工作需求	因為換工作、出差或是工作調離原本居住地，所以打算購屋。
結婚成家	與另一半新組成家庭後，也許會因為考慮未來學區問題，而選擇購屋。
投資	可能是為了賺取價差或穩定收租而購屋。

以上不同購屋動機的購屋策略，都有不同的邏輯思維和需要解決問題。例如：首購，是須思考自己和決定權人的需求；換屋，就須考量先買後賣，還是先賣後買，兩者的金流和貸款問題能否負擔等。

因此填寫需求評估表（參考 P.91）時，會優先思考最重要的購屋動機，因為不同的購屋動機，須搭配不同的選屋策略。

❷ 基本需求

包含期望的房屋區域、室內坪數、室內格局、車位需求、預計居住人數及成員、房屋總價格的預算範圍、購屋自備款及貸款金額，以及期望的房屋類型等，詳細說明請參考以下表格。

基本需求項目	說明
房屋區域	選屋時，可能會將自己的工作、家人、學區等因素，作為選擇房屋所在區域的首要考量。
室內坪數	房屋的室內坪數會受到公設比（參考 P.111）的影響，例如：公寓和電梯大樓因公設比不同，所以室內坪數會有差異；而屋齡較年輕的電梯大樓，也可能會因為公設比較高，所以室內坪數相對較少。 因此選擇房屋時，須留意室內坪數是否符合自己和家人的生活習慣需求。
室內格局	就是房屋共有「幾房、幾廳、幾衛？」，選屋時，須依照自己目前和未來可能的家庭成員數量，而做決定。 首購族大多會選擇兩房或小三房，因為入手門檻總價比較低，且未來換屋時也比較好轉手，相對也較保值。
車位需求	車位類型主要分為坡平、坡機、機平、機機、塔式車位，每種車位的優缺點不同。（註：詳細說明請參考 P.89 的車位的分類介紹。） 選車位時，除了依照自己的需求外，若非自己有明確車位的需求，套房可以選擇不要搭配車位，電梯兩房則比較沒有太大的影響，而電梯三房以上最好要搭配車位，以方便未來換屋時，能較容易脫手售出。（註：因為買套房自住的買方，自備款較有限，且不一定有車位的需求；而有能力買電梯三房的買方，通常可能有買車，所以較有可能有車位的需求；若是電梯四房的物件，有時甚至會搭配兩個車位。）
預計居住人數及成員	未來換屋前，須依照自己可能會擁有的家庭成員，包含配偶、孩子、父母等，思考及規劃這些家人可能的其他需求。例如：孩子目前還小，但未來可能會碰到學區問題，此時就須提早設想學區需求。
房屋總價範圍	須依照自己的能力負擔做規劃，且跟仲介看屋前，也會填寫需求評估表（參考 P.91），此時建議讓仲介了解自己真正能負擔的價格，以免仲介找錯方向，或失去購買其他適合物件的機會。
購屋資金	須考慮資金來源及自備款是否足夠，且建議若是找仲介購屋，可在看屋前就先告知自己的購屋資金有多少，並請仲介試算或向仲介諮詢可能負擔的房貸範圍或自備款流向，甚至自備款可能的贈與稅（參考 P.42）問題等，以事先進行規劃。

▨ 車位的分類介紹

坡道平面式車位

購買價格	較高。
維護費用	較低。
單一車位面積	約8～12坪。

又稱為坡平車位，指車輛經過坡道進入地下停車場後，停在平面停車格的車位類型。

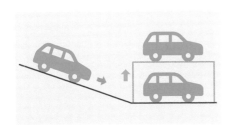

坡道機械式車位

購買價格	一般。
維護費用	一般。
單一車位面積	約6～8坪。

又稱為坡機車位，指車輛經過坡道進入地下停車場後，停在機械車位升降架的車位類型。

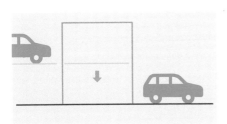

升降平面式車位

購買價格	一般。
維護費用	一般。
單一車位面積	約6～8坪。

又稱為機械平面式車位、機平車位，指車輛停進升降電梯，並連人帶車進入地下停車場後，停在平面停車格的車位類型。

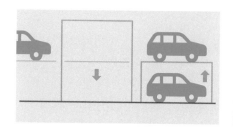

升降機械式車位

購買價格	較低。
維護費用	較高。
單一車位面積	約6～8坪。

又稱為機機車位,指車輛停進升降電梯後,連人帶車進入地下停車場,並停在機械車位升降架的車位類型。

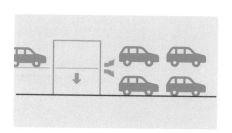

塔式車位

購買價格	較低。
維護費用	較高。
單一車位面積	約2～4坪。

又稱為停車塔,停車時須按車位號碼,並將車輛停進升降電梯後,駕駛須先下車離開,電梯再將車輛自動輸送到應停放的車位。

❸ 房屋需求

包含期望的屋齡、樓層、風水、座向(參考P.104)等,詳細說明請參考以下表格。

房屋需求項目	說明
屋齡	須留意屋齡越年輕的物件,公設比會越高,若希望能夠買到屋齡十五年內的物件,就要能接受公設比可能為30～35%的限制;若希望買到較新的電梯物件,又希望公設比可以在10%以下,就會很困難,因此在房屋需求的選擇中,有一好、沒兩好,必須做出動態平衡調整。
樓層	**有電梯** 若是有電梯的物件,高樓層通常單價較貴,但因為頂樓可能容易碰到漏水問題,所以電梯大樓的倒數第二高的層數,是較搶手的樓層位置。例如:總樓層十樓的電梯大樓,九樓通常單價較好,同時也不像頂樓有較多漏水風險,並且通風、採光、風景可能也比較好。

	沒有電梯
樓層	公寓因為沒有電梯,所以樓層越低,通常價格越高,但一樓普遍有增建,或門前會有停車等空間,因此價格會比較高。例如:總樓層五樓的公寓物件,通常一樓單價最高,五樓最低,但若頂樓有加蓋(使用空間增加),就有可能增加單價。
風水	有些買方會在乎風水,而有些買方只當作額外參考。
座向	以台灣地區的氣候而言,買方普遍都喜歡坐北朝南的房屋。另外,買方還可透過座向及格局圖,來簡易判斷房屋是否可能有西晒問題。

❹ 環境需求

包含期望的交通需求、醫療需求、是否期望鄰近哪個商圈或哪個公園等,詳細說明請參考以下表格。

環境需求項目	說明
交通	主要會考量大人上下班,或孩子上下學等交通需求。
醫療	主要會考量家中年長者,或需要頻繁使用醫療服務者的需求。
商圈	選屋時,可依照自己過去的生活模式或租屋地區,選擇適合自己生活習慣的商圈。
公園	若家人或有養毛小孩的飼主,需要房屋附近有公園的話,就須將公園納入選屋的考量之一。

⁙⁙⁙⁙⁙⁙⁙⁙⁙⁙⁙⁙⁙⁙⁙⁙
COLUMN 02

需求評估表填寫範例

購屋動機

☑首購 ▦再購 ▦換屋 ▦工作 ☑結婚 ▦投資

預計期望多久找到房子:<u>三個月內</u>
已看多久房子:<u>剛開始</u>
有哪些家人需一起決定:<u>配偶、爸媽</u>
有什麼不喜歡的條件:<u>暗房、吵雜</u>

房屋需求

屋齡:<u>四十年以內</u>
樓層:
<u>一樓、頂樓不要</u>
風水:<u>不限</u>
座向:<u>不限</u>

基本需求

需求區域：中永和

區域考量因素：■親友 ✔工作 ■學區 ■其他

需求坪數：30 坪　居住成員：2大1小　居住人數：3 人

需求格局：2 房 1 廳 1 衛　車位需求：■有 ✔無

需求類型：■電梯 ✔公寓 ■透天 ■套房 ■其他

總價範圍：1,000 萬～ 1,200 萬

購屋資金：頭款 400萬　貸款 800萬　其他

環境需求

交通：
步行捷運十分鐘

商圈：
頂溪、四號公園

醫療：
沒有特別要求

公園：四號公園

需求評估表（空白）

購屋動機

■首購 ■再購 ■換屋 ■工作 ■結婚 ■投資

預計期望多久找到房子：＿＿＿＿＿＿＿＿＿＿

已看多久房子：＿＿＿＿＿＿＿＿＿＿＿＿＿

有哪些家人需一起決定：＿＿＿＿＿＿＿＿＿＿

有什麼不喜歡的條件：＿＿＿＿＿＿＿＿＿＿

房屋需求

屋齡：＿＿＿＿＿

樓層：＿＿＿＿＿

＿＿＿＿＿＿＿＿

風水：＿＿＿＿＿

座向：＿＿＿＿＿

基本需求

需求區域：＿＿＿＿＿＿＿＿＿＿＿＿＿＿＿＿

區域考量因素：■親友 ■工作 ■學區 ■其他

需求坪數：＿＿坪　居住成員：＿＿＿＿　居住人數：＿＿人

需求格局：＿＿房 ＿＿廳 ＿＿衛　車位需求：■有 ■無

需求類型：■電梯 ■公寓 ■透天 ■套房 ■其他

總價範圍：＿＿＿萬～ ＿＿＿萬

購屋資金：頭款＿＿＿　貸款＿＿＿　其他

環境需求

交通：
＿＿＿＿＿＿＿＿

商圈：
＿＿＿＿＿＿＿＿

醫療：
＿＿＿＿＿＿＿＿

公園：＿＿＿＿＿

選屋的考量因素

在了解自己的購屋需求，以及確認決定權人後，就可以準備開始選屋、看屋，而在選擇房屋時，可依照以下的「選屋四步驟」SOP 流程，逐步確認每間房屋的各項條件，是否都符合自己的需求，以評估出最接近自己內心的理想自住房屋的物件。

其中，「選屋四步驟」是針對新手選擇自住購屋，所歸納出的一種大方向選屋方式，若能依照四個步驟循序漸進的選屋，基本上就有較高的機率可以找到適合自住的房屋。

而「選屋四步驟」，分別是：評估大環境、評估小環境、判斷屋況，以及了解房屋保值性。另外，切記不能顛倒四步驟的順序，否則很容易選錯物件，結果反而買到不適合自己的房屋。

選屋四步驟

STEP 1 **評估大環境** (P.94)

確認房屋所在的地點，是否能符合居住者的工作或同住家人的交通需求。

STEP 2 **評估小環境** (P.97)

確認房屋周圍是否存在自己無法接受的嫌惡設施，以及附近的生活機能是否能滿足自己及決定權人「一定要的需求」。

STEP 3　判斷屋況 (P.100)

用一間房屋的屋況，來判斷是否有符合自己和決定權人的選屋需求，例如：房屋類型、格局、大小、比例、動線、屋齡、樓層、採光、通風、裝潢等屋況，以思考該房屋是否符合自身及決定權人的需求與期待。

STEP 4　了解房屋保值性 (P.106)

若經過前面三個步驟：大環境→小環境→屋況的順序選屋後，仍有兩個以上的物件符合需求，但買方一次只想出價先談一間的情況下，才會將保值性拿出來評估。若只要前面三個步驟就選到適合的物件，即可直接出價談，而不必思考保值性的問題。

 步驟一：評估大環境

　　選屋時，最一開始要評估的是大環境，也是選屋中最主要關鍵的需求之一，而評估大環境是指確認房屋所在的地點，是否能符合居住者的工作或同住家人的交通需求，而非評估房屋附近的交通是否發達、便利。

■ **評估方式**

❶ 初步選出一、兩個主要的看房區域。（註：須盡量避免選擇太多區域。）

❷ 透過自己期望的房屋所在地區，排除明顯不符合自身交通需求的房屋物件。

■ **常見交通需求**

❶ 大人上、下班的通勤需求。

❷ 孩子上、下學的通勤需求。

❸ 其他交通需求，例如：家中長輩有定期往返醫院看診的交通需求、妻子有定期往返娘家探親的交通需求等。

選擇房屋所在區域的方法

可依照個人需求，選擇房屋所在區域，以下分別說明。

工作交通與居住同區

人數	一人或多人。
適用	生活機能與交通需求相同者。
建議	直接選擇需求所在的區域。

若夫妻的上班所在地都在A區，則可選擇A區作為看房、買房的區域。

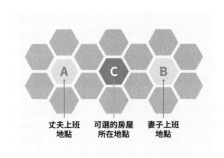

取中間方便區域

人數	多人。
適用	彼此的交通需求不同。
建議	可選擇通勤地點交會處。

若丈夫的上班地點在A區，妻子的上班地點在B區，就可挑選位於A、B區之間的C區，作為預計看房、買房的區域。

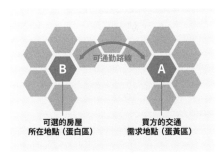

選擇居住在蛋白區

人數	一人或多人。
適用	購屋預算無法負擔最符合自身交通需求區域的房屋，像是都市蛋黃區。
建議	改選擇在其他尚可滿足交通需求的區域內看屋。

若丈夫和妻子的上班地點在A區（蛋黃區），但負擔不起該區價位的房屋，就可退而求其次，改選擇B區（蛋白區），作為預計看房、買房的區域。

多區域符合需求的選屋法

　　有些人剛開始選屋時，評估過自己的交通需求後，發現有多個區域（三個以上）符合需求，但若同時看多個區域的房屋，就可能會越來越找不到適合自己的房屋，因為每個不同區域的物件，都有不同的環境因素，若同時看許多不同區域的房屋，會不小心拿來做橫向比較，而缺乏系統性的評估，導致容易花更多不必要的時間不斷看屋。

　　為了避免這樣的情況發生，建議可用以下方法篩選過多的房屋物件，且重點皆為：「只在選定的一、兩個區域實際看屋」。

▨ 建議先只在一、兩個區域實際看屋的原因

　　有時在選屋過程中，買方會發現似乎有好幾個區域，自己都可以接受，於是就選擇同時花時間看三、四個以上不同區域的房屋，但如果這樣找屋，往往有很高的機率買不到適合的房屋，甚至會花比原本更多的時間看屋後，卻越看越亂，也越來越不知道自己到底想要的物件需求是什麼。

　　因為不同區域有各自的特性，例如：物價高低、消費水平、區域文化、氣候因素、地形交通、城鄉發展等，都可能不同，所以較難直接橫向比較不同區域的房屋條件。

　　因此若同時看三個區域以上的房屋，容易導致在選屋的過程中，產生越看屋，需求越紊亂的情況，進而無法清楚判斷自己想要哪間房屋物件，最終可能不小心買錯房屋。

▨ 多區域符合需求的選屋法比較表

方法一：先選擇一、兩個區域找房，找不到再換區。

適用對象　較沒時間到每個區域實地勘查的買方。

STEP 01　從多個區域中，直接鎖定其中一、兩個最理想的區域。

STEP 02　在 STEP ❶ 選擇的區域內，尋找適合自己的房屋物件。（註：此步驟若有成功找到理想的房屋，就不必進入下一步驟。）

STEP 03 若在STEP ❷ 沒找到符合心中期待的房屋,就將原本選定的區域排除,且要清楚知道自己為什要排除該區域,同時重複STEP ❶ - ❷ ,並在新選擇的區域看屋,直到找出滿意的房屋,或動態調整自己的需求後,再繼續選屋。

方法二:先到各區域勘查,選定最終區域後,再找房。

適用對象 有較多時間能到不同區域,分別進行實際勘查的買方。

STEP 01 事先到每一個符合自己交通需求的區域,進行場地勘查,以感受不同區域帶給自己的氛圍,並了解當地的居住環境。例如:感受當地的交通、生活機能、人文、氣候、地形等。

STEP 02 勘查結束後,從多個區域中,刪除不適合的區域,並只挑選較喜歡的一、兩個區域。

STEP 03 只在STEP ❷ 選中的區域看屋,直到找出滿意的房屋,或動態調整自己的需求後,再繼續選屋。

步驟二:評估小環境

須確認房屋周圍是否存在自己無法接受的嫌惡設施,以及確認房屋附近的生活機能是否能滿足自己「一定要的需求」。因為一間房屋即使優點再多,也有可能由於一個缺點,就讓我們無法繼續住下去。

例如:有些人不喜歡位於市場或廟宇附近的物件,儘管這間房屋優點再多、再加分,也比不上一個自己無法接受的缺點,買來住後,終究可能還是會賣掉或出租,並重新再找一間適合自己的房屋。與其如此,不如一開始選屋時,就清楚知道自己有沒有哪些小環境是一定不能接受的?

相對的,有些人選屋時,會有一定要滿足特定條件的需求,例如:家裡如果有養大型犬,而大型犬需要每天到比較空曠的地方散步、遊玩,此時買方就可能需要房屋附近有公園,以滿足毛小孩的必要需求。

因此，評估小環境時，可先思考自己有沒有「一定要」的需求？以及有沒有「一定無法接受」的小環境或嫌惡設施？且此處須留意，家人或決定權人的需求可能會和自己不同，此時就須經過彼此一起看屋後的討論，才能找到對小環境需求的平衡點。（註：另外需留意，別人不喜歡的小環境，也許自己能接受；而自己喜歡的小環境，可能別人無法接受。）

▨ 評估方式

❶ 對不同嫌惡設施及生活機能的可接受度進行分類，主要分成「無法接受」及「可接受」兩種。

看屋小知識 TIPS FOR HOUSE INSPECTION

什麼是生活機能便利？

指住宅附近環境的便利性，能夠滿足居住者對食、衣、住、行、育、樂、醫療、藝文活動等需求。而能使生活機能加分的設施（迎毗設施）包含：便利商店、超市、公園、學校、圖書館、警察局等。

❷ 排除自己「無法接受」的嫌惡設施或生活機能。例如：假設買方工作是上晚班，因此不希望住在學校附近，因為早上的鐘聲會影響買方的睡眠；或是不希望住在廟宇附近，因為怕節日時會有噪音影響等。不過，如果是房屋附近有嫌惡設施，但屬於自己尚可接受的範圍，就亦可進入下一步驟。

❸ 確認房屋周圍環境的生活機能，是否符合自己的需求與期待。

看屋小知識 TIPS FOR HOUSE INSPECTION

是否只要房屋附近有自己無法接受的生活機能或嫌惡設施，就一定不用去現場看屋呢？

建議有機會還是可以去現場看屋，因為自己心裡設限的不喜歡，有時不一定在現實中無法接受。因此實際看屋後，確認真的不能接受，才算是真正知道自己不要的需求是什麼，但若看了以後發現，好像沒有自己想像中的差勁，原本「無法接受」的需求就可能會變成「可接受」的範疇，而這就屬於看屋過程中的動態調整需求。

但須留意，若看屋後確定自己無法接受這個物件，就建議不要盲目亂出價，因為有些買方會認為不可能真的買到，於是隨便出價，結果就不小心買到一間不適合自己住的房屋，而且還可能因為沒有做足功課，買的比時價登錄的價格還高，而蒙受損失。

嫌惡設施簡介

嫌惡設施又可稱為鄰避設施，指會對住宅環境帶來負面影響的設施，例如：墓地、垃圾場、工廠等。關於常見的嫌惡設施及其遭嫌惡的主因，請參考以下表格。

嫌惡設施名稱	遭嫌惡的主因
墓地、靈骨塔。	民間信仰忌諱。
殯儀館。	常舉辦喪禮儀式。
焚化爐、垃圾場、資源回收廠。	衛生條件問題，可能常有垃圾車及資源回收車出入。
高壓電塔、基地台、變電所。	可能在意電磁波輻射。
工業區、工廠。	須注意噪音及居住品質問題。
特種行業場所，例如：夜店、酒店等。	人員出入較複雜，以及可能衍生治安問題。
高架道路、鐵路軌道、捷運軌道。	車輛或列車行經時噪音大。
機場。	飛機起降時噪音大。
加油站。	易有油氣汙染及安全疑慮。
瓦斯儲氣槽。	擔心有安全疑慮問題。
夜市、傳統市場。	環境可能較髒亂，較易孳生蟑螂、老鼠等。
宮廟。	遇上節慶時，可能會有活動，以及擔心有噪音、燒金紙等問題。

COLUMN 02

查詢房屋附近環境的方法

❶ 直接詢問仲介關於房屋周圍環境的詳細資訊。

❷ 利用 Google 地圖查看房屋附近有哪些設施、商店等。

❸ 實地走訪房屋的周邊環境，並向當地居民、社區管理員或商家，詢問居住情形及優缺點。

 # 步驟三：判斷屋況

指透過房屋的格局圖，判斷一間房屋的格局、大小、比例、動線等，是否符合自身的需求及期待。

▨ 評估方式

❶ **格局外型**：一開始看格局圖時，可以採取「先宏觀，再微觀」的方式進行思考，例如：先從格局圖的「形狀」，來判斷房屋屬於什麼類型的格局，並以此了解該房屋格局的優點，或可能會碰到的相對缺點。（註：關於常見的房屋格局的詳細說明，請參考 P.101。）

❷ **坪數空間**：從物件坪數上，判斷房屋室內的大小，有可能原本想找完整的三房物件，但室內空間較小時，或許只能找到 2+1 房，其中的 +1 房可能屬於空間較小的書房，因此可能是無法完整放下床、桌、衣櫃的空間，在此步驟中，即可對室內空間大小是否足夠進行判斷。

❸ **格局採光**：從格局圖上的窗戶位置，判斷採光的相對位置。（註：但無法從格局圖判斷房屋物件的採光好壞，須到現場看過才會知道。）

❹ **動線判斷**：判斷動線是否符合自己的居住習慣，因為看屋時有可能看到的是空屋，沒有家具，因此可能會不小心以為空間夠大，所以買方可先在格局圖上試著思考，假設放上相對應的家具後，格局圖上的生活起居動線是否會受影響。

❺ **判斷座向**：有些買方會希望冬暖夏涼，或避免西晒等問題，此時就能運用格局圖做判斷。（註：若買方不在乎房屋座向，可省略此步驟。）

看屋小知識 TIPS FOR HOUSE INSPECTION

哪裡能取得房屋的格局圖？

在房屋交易網站上，有些屋主或仲介會提供房屋格局圖，以供買方參考。不過買方須留意，格局圖通常都是仲介依照建物測量成果圖所繪製而成，因此有時格局圖上的格局不一定完全正確，或是比例可能跟實際有差異。

COLUMN 01

常見的房屋格局

房屋的格局可分為標準格局及特殊格局，以下將分別說明。

▦ 標準格局

指格局圖上的房屋形狀為「趨近正方形」的房屋格局（常聽到的方正格局也屬於標準格局之一），但太過方正的房屋其實不好規劃，必須依照實際物件的大小比例判定。有些格局可能是6：4或較大一點坪數的7：3，但因為室內空間夠大，所以也有可能屬於標準格局，因為室內夠大，就比較能夠明確規劃出空間使用。另外，此類型局因為居住空間較好規劃，因此最受大部分買方喜愛。

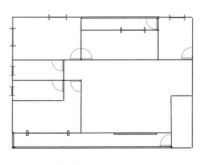

標準格局的範例圖示。

▨ 特殊格局

格局圖上的房屋形狀非（類）正方形，或大部分買方在居住空間配置上，較不好規劃的物件，通常有可能就屬於特殊格局，常見的特殊格局包含：凹字形、L字形、狹長形、梯形、弧形、不規則形等。

特殊格局的房屋可能因為室內窗戶配置的位置問題，易造成部分空間採光不佳；或因為格局狹長，導致部分空間難以規劃利用，而造成坪數浪費。例如：家中有狹長的走道；或內部空間在視覺上易產生壓迫感等問題，因此較不受買方青睞。以下分別舉例常見的非標準格局。

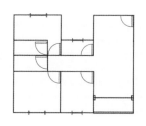

凹字形

若室內空間夠大，部分買方會認為尚可接受，不會有太大影響。

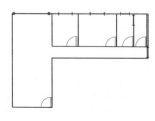

L字形

此格局的房屋常在客廳到主臥室中間有狹長走道，若走道不夠寬，就無法擺放其他家具或有效使用。

狹長形

狹長格局除了可能會在客廳到房間、廚房中間易有狹長走道外，也有可能會碰到暗房或暗廳的問題，因此須留意採光有可能會受影響。

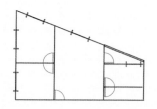

梯形

梯形格局可能是因為建地的關係，建築物會有斜切邊的形狀，所以可能會影響室內空間感，但可能有機會透過運用裝潢的方式，調整室內空間感，只是部分買方的購買意願可能會受影響。

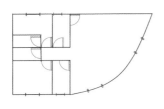

弧形

弧形格局通常是邊間兩面採光的物件，如果棟距足夠，採光就不錯，但無可避免的是，室內有部分牆壁是圓弧形，因此在室內空間規劃上，可能會受限。

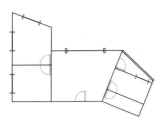

不規則形

不規則形的格局有非常多類型，若看到非標準格局的不規則形物件，就須留意自己是否能夠接受，並須思考是否可以花錢改變此情況。若無法花錢改變且自己不可接受，就建議改看其他物件。

COLUMN 02

格局圖的採光判斷方法

買方可透過房屋格局圖上的窗戶位置，了解屋內的採光狀況，以確認是否有暗房、暗廳。

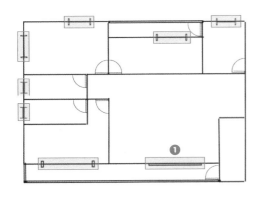

此房屋格局圖中，用綠色框起來的地方代表窗戶，且❶為落地窗。

看屋小知識 TIPS FOR HOUSE INSPECTION
什麼是暗房、暗廳？

暗房是沒有窗戶及採光的房間；暗廳是沒有窗戶及採光的客廳。

格局圖的動線判斷方法

買方可先找出房屋格局圖中「門」的位置，若要確認客廳到廁所、廚房、陽台、大門的動線，就可以從每扇門走動到其他扇門的路線來判斷，是否出現被家具擋住的狀況。（註：成屋的格局圖中通常不會有家具，因此需要在腦中思考及模擬，以進行初步判斷。）

若想要判斷房間內的動線，也可以從房間的門到床、書桌及衣櫃的動線，來判斷會不會空間太小，或是有所阻礙的問題。

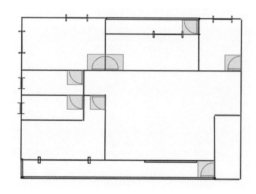

房屋格局圖中的扇形圖案，代表門的位置。

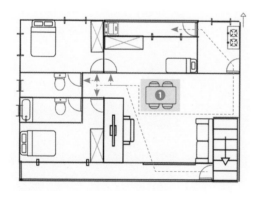

此房屋格局圖中，標示於門與門之間的虛線，代表房屋的動線。其中，桌椅❶的擺設有稍微擋到動線的情況。

格局圖的座向判斷方法

房屋的座向可分為「座」及「向」兩個方位，而「座」是房屋背面的方位；「向」是房屋正面的方位，且通常會以大門或大面落地窗所在的位置，為房屋的正面。

以常見的房屋座向「坐北朝南」為例，「坐北」代表房屋的「座」在北方；「朝南」代表房屋的「向」在南方。因此，「坐北朝南」的房屋背面是北方、正面是南方。

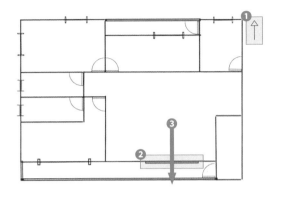

❶ 此房屋格局圖的上方是北方。
❷ 從大面落地窗向外的方位（房屋正面）是南方。
❸ 此箭頭的方向為房屋的座向，即「坐北朝南」。

▨ 座向對房屋的影響

在台灣地區，因為冬天有東北季風、夏天有西南季風，所以坐北朝南的房屋具備冬暖夏涼的特性。

而坐東朝西的房屋，較易有太陽西晒的情況，或是可以看格局圖中，有哪些房間的窗戶是朝西，因為窗戶朝西就代表房間可能會有西晒的問題。

COLUMN 05
遇到特殊格局的處理方法

若房屋屬於特殊格局，不代表一定要放棄該房屋物件，而是有機會透過屋內的裝潢設計，可將室內改造成既能盡量利用到所有空間，又能在視覺上看起來舒適的住宅。

在實務上，假設買方看到一間很喜歡的房屋，但屬於非標準的特殊格局屋況，此時買方可在複看時，找信任的設計師或相關專業人員，來協助陪同看屋，以判斷是否有方法可以克服特殊格局的問題，如此較不用擔心好不容易買到房屋，卻發生無法花錢解決特殊格局問題的窘境。

步驟四：判斷保值性

依照大環境➡小環境➡屋況的順序找房屋後，若買方仍有 2 間以上的房屋，心裡很喜歡，則在出價時，建議先選 1 間房屋專心談價，至於如何決定應先選哪 1 間房屋，即可以房屋的「保值性」進行判斷，並選擇保值性較高的房屋先談價。

但如果想要一次談 2 間房屋，就需要看房仲公司的規範是否可行，但要留意可能會發生不小心 2 間都成交，或因為一次談 2 間而錯失成交時機的情形。

看屋小知識 TIPS FOR HOUSE INSPECTION
什麼是房屋的保值性？

保值性與增值性的概念不同，保值性的概念是，房屋市場的大環境如果下跌，這間房屋跌幅比較少，例如：同地區的物件可能跌幅10%，但這個物件跌幅5%，是相對較抗跌的物件；相對的，房屋市場的大環境如果上漲，這間房屋也會一起漲價，因為喜歡及有這類型需求的房屋人數比例較多，因此有相當的保值性。

因此選擇自住物件時，房屋相對保值，就代表這類型房屋的大環境、小環境、屋況等，都有較多比例的人喜歡，足以支撐該物件的成交價。

至於增值性，是須看該房屋的區域，未來有沒有其他建設或環境因素影響，造成該物件升值漲價，並非只因為房屋市場的大環境變動而已。

另外，通常適合小家庭居住的低總價房屋，保值性較高，例如：符合電梯兩房、位於公寓二樓或三樓、室內坪數約 18～20 坪等條件的房屋。因為此類型的物件總價門檻比電梯三房、電梯四房低，同時也不會因為坪數過小，而有銀行房貸成數受限的問題，所以此類型的物件，在自住市場上相對搶手許多。

▨ 評估方式

市場保值性較高的物件，就是符合大部分自住買方需求的房屋。因此須用第三人的客觀角度（非自己主觀意識），對自己所選的房屋物件，判斷該

物件在市場上是否更受青睞，且同樣是以大環境、小環境、屋況的順序進行思考，就可初步判斷該間物件是否可能有較高的保值性。（註：大環境、小環境及屋況是選屋前三步驟所考量的因素；關於評估大環境的詳細說明，請參考P.94；關於評估小環境的詳細說明，請參考P.97；關於判斷屋況的詳細說明，請參考P.100。）

保值性比較範例

　　經過評估，買方小明認為房屋物件A、B在自己的心目中，都屬於90分的理想房屋後，就可開始比較兩間房屋的保值性何者較高。（註：以下表格中的○代表評估因素符合大部分買方的喜愛，×代表不符合；而以下○及×的評估結果為參考範例。）

保值性比較表（範例）		
房屋物件評估因素	房屋物件A（心中90分）	房屋物件B（心中90分）
大環境	○	○
小環境	○	○
屋況	○	×（市場反應較差）
房屋物件評估結果	房屋物件A	房屋物件B
保值性	較高	較低

　　因為房屋物件A有三項評估因素都符合大部分買方的喜愛，而房屋物件B僅有兩項符合，所以房屋物件A的保值性高於房屋物件B，因此建議小明選擇購買保值性較高的房屋物件A。

　　不過，須注意：雖然兩間房屋在買方心中分數一樣，但不代表自住購屋市場上的其他買方也有相同的觀點，因此須以客觀第三方的角度，進行保值性的評估，才能較準確判斷保值性的些許差異。

看屋須知

選屋示範

　　了解選屋前的準備事項及「選屋四步驟」後，不須急著馬上找仲介看房屋，因為出去看屋一次，可能花一整個下午甚至一整天的時間，只能看到3、5間房屋，而且還有可能找錯方向。

　　但若在實際外出看屋前，先在家中運用網路進行線上選屋，從數十間符合自己需求的房屋中，選出適合自己的物件後，再找仲介約看此間房屋，看屋的效率就會提升很多，而且會更清楚自己的需求是否有哪些地方需要動態調整。做功課之後跟著仲介看屋，同時也可以跟仲介討論自身的需求及顧慮點，這樣就會更快速的累積看屋經驗，而不會像無頭蒼蠅一樣找不到看屋的方向。

　　因此，實際看屋前，可以先進行需求分析，並在房屋交易網上篩選出符合需求的房屋物件。另外，此章節將以下列需求進行選屋示範。

▨ 示範案例的需求

❶ **家庭構成**：小家庭，夫妻三十歲，有一個小孩滿月。

❷ **成交預算**：1,500萬元。

❸ **房屋類型**：電梯兩房。

❹ **交通需求**：新北市中永和地區、近捷運，捷運站須位於住處約步行十分鐘以內的距離。

❺ **坪數需求**：室內空間20坪以上。

❻ **屋齡需求**：屋齡十年以下。

❼ **其他需求**：樓層不限，不用車位。

# 進行需求分析

首先，可針對示範案例中的七個需求進行分析，並整理出下表。

示範案例的需求	說明
小家庭，夫妻三十歲，有一個小孩滿月。	❶ 房屋的預計居住人數是三人，共兩位成人、一位小孩。 ❷ 有小孩的家庭，選屋時可能會考慮學區的需求。
成交預算為1,500萬元。	預算1,500萬元的看屋的總價上限約為1,700萬元，因為網路上看到的廣告價並非未來的成交價，所以可以稍微拉高一些金額進行看屋，比較不會錯過適合的物件，但最終能夠談到多少價格，還是必須實際談過才能確定。（註：房屋總價範圍的計算方法，請參考P.111。）
電梯兩房。	❶ 房屋類型的需求為電梯大樓。 ❷ 房屋格局的需求為兩房。
新北市中永和地區、近捷運，捷運站須位於住處約步行十分鐘內的距離。	❶ 期望房屋所在的區域為中和區或永和區。 ❷ 希望捷運站須位於住處約步行十分鐘內的距離，代表房屋和捷運站的距離可能須少於一千公尺，但每個人體感的步行時間不同，所以可透過Google地圖確認一下自己能夠接受的步行距離，這樣跟著仲介看屋時，可以讓仲介更明確了解自己的需求。（註：可利用Google地圖查詢房屋到最近捷運站的交通時間。）
室內空間20坪以上。	室內坪數不包含公設的坪數，因此室內空間20坪以上的房屋，總坪數可能需要約30坪。（註：房屋需求坪數的計算方法，請參考P.111。）
屋齡十年以下。	須留意屋齡十年以下的房屋公設比多半約為30～35%以上，因此要能接受室內坪數及空間可能較小的情況。（註：公設比為持有的公共設施坪數占總權狀坪數的比例。）

示範案例的需求	說明
樓層不限，不用車位。	❶ 不限制房屋位於電梯大樓的哪一層。（註：選樓層時，通常電梯物件的樓層越高，單價就越高，且倒數第二高的樓層，通常屬於黃金樓層，因為頂樓可能擔心未來有漏水問題，倒數第二高樓層的景觀及採光，又相對比中低樓層好。） ❷ 沒有車位需求。（註：假設車位種類相同，通常車位樓層越底層，價格可能越低，像是地下一樓的車位，可能會比地下二樓的車位搶手。）

填寫需求評估表

根據示範案例的需求填寫需求評估表，填完後如下。（註：空白的需求評估表，請參考 P.92。）

購屋動機

☑首購 ■再購 ■換屋 ■工作 ☑結婚 ■投資
預計期望多久找到房子：三個月內
已看多久房子：剛開始
有哪些家人需一起決定：配偶
有什麼不喜歡的條件：屋齡老

基本需求

需求區域：中永和
區域考量因素：■親友 ☑工作 ■學區 ■其他
需求坪數：30 坪　居住成員：2大1小　居住人數：三 人
需求格局：2 房 1 廳 1 衛　車位需求：■有 ☑無
需求類型：■電梯 ☑公寓 ■透天 ■套房 ■其他
總價範圍：1500 萬～ 1700 萬
購屋資金：頭款 500萬　貸款 1,000萬　其他

房屋需求

屋齡：十年以內
樓層：
不限
風水：不限
座向：不限

環境需求

交通：
步行捷運十分鐘
商圈：
不限
醫療：
不限
公園：不限

▨ 總價範圍的計算方法

　　總價範圍的下限金額是買方的成交預算，而總價範圍的上限金額是買方成交預算再增加約10 ～ 15%，因此成交預算的上限計算公式如下。

➡ 預算＋（預算×10 ～ 15%）＝看屋總價上限

　　例如：房屋成交預算為1,500萬，則計算公式如下。

➡ 1,500萬＋（1,500萬×10 ～ 15%）＝ 1,650 ～ 1,725萬

　　由此可知，成交預算1,500萬的總價，看屋總價範圍上限會是1,650 ～ 1,725萬，因此，在需求評估表上，總價範圍上限可填入1,700萬，比較不會錯過適合的房屋。

　　另外，網路上看到的房屋價格大多為「開價」，也就是廣告價，有可能經過談價後會再更動，至於能夠談到多少價格以下，須視屋主賣屋需求不同而定，因此需要談過才會比較清楚。

　　而上述公式提到的10 ～ 15%只是參考，因為每個縣市及不同區域，可能有不同的參考方式，但買方在此階段需要知道的是，選屋時，可以將篩選預算，依照自己的成交預算提升一些，作為進行線上搜尋時的選屋條件。

▨ 需求坪數的計算方法

　　房屋公設比的計算公式如下。

➡ 公設比＝公設坪數÷總坪數×100%

　　月總坪數的計算公式如下。

➡ 總坪數＝公設坪數＋建物坪數

　　而建物坪數的計算公式如下。

➡ 建物坪數＝主建物坪數＋附屬建物坪數

　　其中，主建物坪數可當作室內坪數，而附屬建物坪數是指陽台、花台、露台等的坪數。

　　因此，若假設總坪數為X坪，且期望的室內（建物）坪數20坪、公設比約30%進行計算，則可依照公設比的計算公式，得出以下算式。

➡ 30% = {（X－20）÷X}×100%

公設比　　　公設坪數　總坪數

➡ X = 20÷0.7

➡ X = 28.57（坪）

　　由此可知，想篩選出室內坪數大於20坪的電梯兩房物件，可能需要將總坪數的篩選條件設定為至少28.57坪，因此本章節在需求分析時，會將示範案例房屋總坪數的需求列為30坪左右，來做篩選範例。

　　確認以上需求都符合後，再進行線上選屋，才能避免遇到室內空間太小，或篩選開價預算太低，而錯過許多好物件的情況。

 ## 進行線上選屋示範

　　分析完購屋需求後，即可在網路上透過已知的需求條件，搜尋是否存在符合需求的房屋物件，如此可在花時間到現場看屋前，先在網路上篩選物件，目的不只有篩選出好房屋，而是可以在電腦桌前，多看符合自己需求的房屋類型，慢慢找出購屋需求的平衡點。

　　因為一開始所列出的購屋需求，不一定是最後買到房屋的真正需求，而這個動態平衡需求的過程，可透過網路選屋、看屋的方式，先進行初步調整，因此線上選屋是非常節省時間，又能了解自住購屋市場的方式。

COLUMN 01
線上選屋的搜尋方法

　　在許多房屋交易網站上，都有以「需求條件」為篩選房屋的搜尋功能，而常見的搜尋方法包含：一般條件搜尋及地圖搜尋，以下將分別進行步驟操作的示範。（註：此處將以591房屋交易網作為線上選屋示範的工具。）

■ 一般條件搜尋

STEP

01

進入591房屋交易網首頁，點擊「中古屋」。

STEP

02

進入中古屋頁面，點擊「位置」的第一個下拉選單。

STEP

03

出現選單，點擊「新北市」。

STEP

04

點擊「選擇捷運」的下拉選單。

STEP

05

出現選單，點擊「中和新蘆線」。

STEP

06

出現勾選的選項，勾選「永安
市場」。

STEP

07

在「類型」點擊「住宅」。

STEP

08

在「售金」的上限欄位輸入
「1700」。

STEP

09

點擊「確定」。

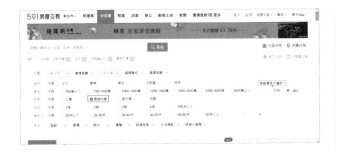

STEP

10

在「型態」勾選「電梯大樓」。

STEP

11

在「格局」勾選「2房」和「3房」。

STEP

12

在「權狀」的下限欄位輸入「30」。

STEP

13

點擊「確定」。

STEP

14

點擊「屋齡」的下拉選單。

STEP
15

出現選單，在上限欄位輸入「10」。

STEP
16

點擊「確定」。

STEP
17

完成條件設後，將頁面向下滑，即可看到符合需求的房屋物件。

▨ 地圖搜尋

STEP
01

進入591房屋交易網首頁，點擊「中古屋」。

STEP
02

進入中古屋頁面，點擊「地圖找房」。

STEP

03

進入地圖找房頁面,點擊「按縣市」的下拉選單。

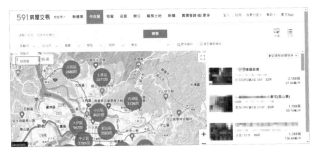

STEP

04

出現下拉選單,點擊「按捷運」。

STEP

05

點擊「捷運」的下拉選單。

STEP

06

出現下拉選單,點擊「台北捷運」。

STEP

07

點擊「站點」的下拉選單。

STEP

08

出現下拉選單，點擊「中和新蘆線」。

STEP

09

出現選單，點擊「永安市場」。

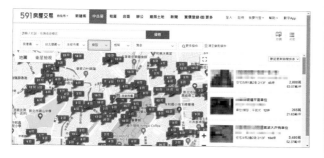

STEP

10

點擊「類型」的下拉選單。

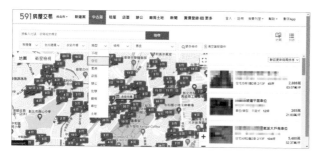

STEP

11

出現下拉選單，點擊「住宅」。

STEP

12

點擊「格局」的下拉選單。

STEP

13

出現下拉選單，點擊「2房」。

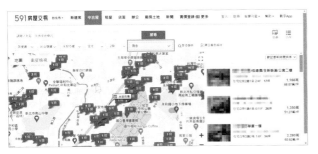

STEP

14

點擊「售金」的下拉選單。

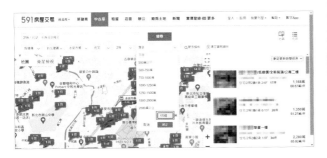

STEP

15

出現下拉選單，在上限欄位
輸入「1700」。

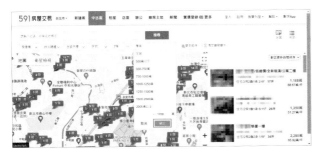

STEP

16

點擊「確定」。

STEP

17

點擊「更多條件」。

STEP

18

點擊「坪數」的下拉選單。

STEP

19

出現下拉選單，在下限欄位
輸入「30」。

STEP

20

點擊「確定」。

STEP

21

點擊「型態」的下拉選單。

STEP

22

出現下拉選單，點擊「電梯
大樓」。

STEP

23

點擊「屋齡」的下拉選單。

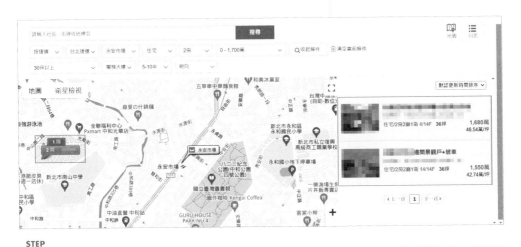

STEP

24

出現下拉選單，點擊「5-10
年」。

STEP

25
完成條件設後，即可看到符合需求的房屋物件。（註：使用地圖搜尋的好處，是可直
接在地圖上查看房屋附近的環境，包含與生活機能相關的店家及嫌惡設施等。）

COLUMN 02

查看符合需求的房屋資訊

在線上搜尋出符合需求的房屋後，即可點擊進入房屋資訊的頁面，並查看房
屋的價格、坪數、格局、屋況等資訊。

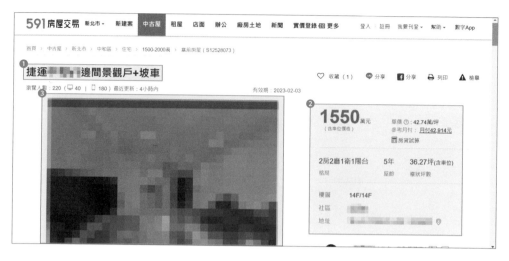

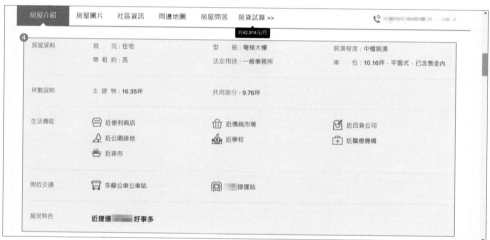

❶ 標題資訊

屋主或仲介會將購買此房屋的好處寫在標題處，以吸引買方點擊，因此可透過標題了解此房屋具有哪些優點或特色，例如：靠近捷運中和新蘆線、是大樓的邊間、是景觀戶（可能是高樓層）、有附坡道車位等。

❷ 房屋簡介資訊

可從此處查看房屋的價格、格局（幾房幾廳等）、屋齡、權狀坪數、位於大樓的哪一樓層、社區名稱、地址等。

❸ 房屋照片或平面圖

可透過照片了解房屋實際的狀況；若有附房屋格局圖，就能查看房屋的格局、大小、比例等。

❹ 房屋的詳細資訊

將頁面往下滑，就可查看此房屋的詳細資訊，例如：房屋的法定用途、車位的種類及坪數、主建物的坪數等。（註：若是電梯大樓或公寓，室內坪數是看主建物坪數；若是透天，室內坪數是看土地坪數。）

搜尋結果頁面沒顯示任何房屋時的解決方法

在線上設定房屋條件並進行搜尋時，若輸入自己所有需求後，搜尋結果頁面沒有顯示任何物件，代表目前市場上沒有完全符合搜尋條件的房屋。

因此，這時買方可能需要將需求的條件放寬，例如：以減少坪數、增加屋齡或增加房屋總價等方式，進行動態的需求調整後，再重新搜尋，並藉此了解當下市場上的物件現況及行情。

瑕疵屋的防範及處理

了解如何選屋後，很多人會在意，選到的房屋是否可能會有瑕疵？以及須注意哪些可能的瑕疵問題？如果真的碰到小問題，可能還好處理，但若碰到瑕疵或重大瑕疵，該怎麼辦？

此單元將說明如何防範及處理瑕疵屋，因此應先了解「瑕疵」的定義，以及瑕疵屋的種類，以下將進行說明。

▨ 瑕疵的定義

根據《民法》第354條第1項規定：「物之出賣人對於買受人，應擔保其物依第三百七十三條之規定危險移轉於買受人時無滅失或減少其價值之瑕疵，亦無滅失或減少其通常效用或契約預定效用之瑕疵。但減少之程度，無關重要者，不得視為瑕疵。」

因此，台灣法律對瑕疵的定義，包含下列四種情況。

符合瑕疵情況的定義	說明	舉例
物品滅失	指物品毀滅或消失。	例如：預售屋交屋後，發現實際坪數少於權狀上的坪數。
物品價值減少	指物品實際上的交換價值，比契約中所寫的價值還低。	例如：購買中古屋，入住後才發現是凶宅（可能前屋主刻意隱瞞）。
物品「通常效用」滅失或減少	指物品缺乏原本應有的功能、效用。	例如：剛入住後，發現前屋主有未告知的漏水、壁癌等問題。

物品缺乏預定的效用或品質	指實際得到的物品，不符合契約中所寫的功能或品質。	例如：在不動產說明書上，有寫「屋主剛換完水電管線」，但實際上卻沒有更換；或建商聲稱建築是鑽石級綠建築，但實際上卻不是。

瑕疵屋的種類

可將瑕疵屋分為常見瑕疵屋況及重大瑕疵屋況。

常見瑕疵屋況	重大瑕疵屋況
包含漏水、壁癌等，而較常出現漏水、壁癌的地方有：房屋的給水處、排水處、防水處、受雨面、頂樓等，因此買方可自行初步查看問題。	包含海砂屋、輻射屋、凶宅等。

 常見瑕疵屋況

常見瑕疵屋況的處理方式

買方在不同階段發現瑕疵屋況時，所能採取的處理方式並不相同，可參考以下圖表。

簽約前
P.126
· 現場看屋
· 多問多確認
· 不動產說明書
01

簽約中
P.128
· 確認瑕疵處理
· 現況交屋
· 瑕疵擔保責任
02

簽約後
P.129
· 交屋前驗屋
· 驗屋公司協助
03

交屋後
P.130
瑕疵擔保責任
04

在實際看屋時，若發現房屋有漏水或壁癌，即可採取以下做法，進行常見瑕疵屋況的防範及處理。

常見瑕疵屋況的防範及處理

簽約前多看 (P.126)

此階段的防範方法包含現場看屋、多問多確認、閱讀不動產說明書。

處理方法
找專家評估及確認屋主如何修繕。

簽約中確認 (P.128)

此階段的防範方法包含留意現況交屋的細節，以及確認瑕疵擔保責任。

處理方法
包含請求賣方修繕後交屋或折讓修繕費價格。

簽約後注意 (P.129)

此階段的防範方法包含找驗屋公司進行驗屋。

處理方法
包含找專家評估是否修繕完成，以及確認是否有保固。

交屋後權利 (P.130)

此階段已無防範方法。

處理方法
包含進行法律調解或訴訟，以及找專家釐清責任。

簽約前多看

此階段尚未簽約，因此還有很多變通方式可以因應，且因為瑕疵的關係，不買也不會有什麼違約罰則問題，畢竟還沒進入簽約流程。關於簽約前的防範及處理常見瑕疵屋況的方法，以下將分別說明。

▦ 簽約前的防範方法

簽約前，可透過現場看屋、多問多確認、閱讀不動產說明書等方式，確認房屋是否存在任何常見的瑕疵屋況。

簽約前的防範方法	說明
現場看屋	可請第三方陪同看屋，例如：找修漏師傅確認是否存在漏水的壁癌問題；找電路師傅確認是否存在電線老舊而影響安全上的問題（大部分屋齡年長的房屋可能會有這方面的問題，不一定算是瑕疵，但如果本身在意，簽約前可以找相關專業師傅陪同確認）。
多問多確認	可在現場看屋時，多向鄰居、仲介、屋主、管理員、鄰里長等人詢問屋況，除了有沒有漏水外，也可以了解以前有沒有修過漏水？多久之前修過？如何修繕？這些問題都可多加留意。 而且有時漏水問題是從屋內滲水到樓下，所以可能屋主不曉得，反而是樓下鄰居對此有感；甚至有可能屋主原本是空屋，但買方搬入使用水後，才發現原來有漏水的情況。
閱讀不動產說明書	不動產說明書中的「標的物現況說明書」，是屋主委託仲介賣屋時，一定要填寫給仲介的文件資料，裡面會詳細記載房屋的基本資料及狀況，包含屋內是否有漏水、附近是否有嫌惡設施等。 因此，可在現場看屋後，若有喜歡，再請仲介提供不動產說明書，以查閱其中是否有註記漏水或其他瑕疵。 （註：關於不動產說明書的詳細說明，請參考P.136。）

▨ 簽約前的處理方法

若在此階段發現房屋有漏水、壁癌等瑕疵，就建議找專家評估，以及確認屋主如何修繕。

簽約前的處理方法	說明
找專家評估	可先找兩、三家廠商判斷房屋目前的瑕疵是否能修理，並請廠商對維修費用估價。（註：可以避免同一時間請兩家相同專業的廠商看屋，以免尷尬，也同時給予專業廠商尊重。）

簽約前的處理方法	說明
確認屋主如何修繕	找專家評估後，可和屋主討論：❶由屋主先修理好再簽約；❷簽約時折價，讓買方事後自己找廠商修繕。（註：通常仲介公司會有常配合的廠商，因此可以買方及屋主各找一間廠商，並分別出估價單，再由買方和屋主判斷未來要找哪家廠商協助維修。）

簽約中確認

　　進入到簽約階段，若發現瑕疵，還有機會不買；但若已經簽約完成後才發現，處理方式就會不同。關於簽約中的防範及處理常見瑕疵屋況的方法，以下將分別說明。

▨ 簽約中的防範方法

　　簽約時，若已知房屋有常見的瑕疵，可和屋主討論，並在合約中註明現況交屋的細節，以及確認屋主的瑕疵擔保責任，以保障買方自己的權益。

簽約中的防範方法	說明
註明現況交屋的細節	❶ 房屋買賣合約中的「現況交屋」，意思為「買方同意以交易當下親眼所見的屋況進行交屋，後續買賣雙方不得再以房屋瑕疵的問題提出法律爭議」。 ❷ 若賣方希望在合約中註記「現況交屋」，買方可要求註明現況交屋的細節，例如：只針對浴室漏水問題同意現況交屋。這樣未來若發現其他瑕疵，賣方較不易以「現況交屋」為由而不處理。（註：通常是建議不要簽訂「現況交屋」條款，因為簽訂後若發現問題，就較難釐清責任及處理問題，但若真的必須得簽時，一定要註記好瑕疵屋況的地方及細節，以免日後喪失該有的法律權利。）
確認屋主的瑕疵擔保責任	❶ 根據《民法》第365條規定：「買受人因物有瑕疵，而得解除契約或請求減少價金者，其解除權或請求權，於買受人依第三百五十六條規定為通知後六個月間不行使或自物之

	交付時起經過五年而消滅。前項關於六個月期間之規定，於出賣人故意不告知瑕疵者，不適用之。」
確認屋主的瑕疵擔保責任	因此，瑕疵擔保責任是賣方在沒有故意隱瞞瑕疵的前提下，且在簽約時買賣雙方也都不知道有此瑕疵情況，只要買方五年內有發現房屋瑕疵，並在發現瑕疵後，可以在六個月內行使瑕疵擔保請求權，例如：發現嚴重漏水或壁癌後，提出減少價金請求的訴求。但如果在五年內有發現，卻在發現後超過六個月沒有行使自己的權利，則法院也無法保護讓自己權利睡著的人。 ❷ 有些賣方簽約時，會希望買方「拋棄瑕疵擔保責任請求權」，若買方同意，就會失去向賣方主張瑕疵擔保責任的權利，如此即使未來發現房屋有其他瑕疵，也可能無法再向賣方要求解約或降價（減少價金），因此不建議買方拋棄此權利。

▨ 簽約中的處理方法

若在此階段發現房屋有漏水、壁癌等瑕疵，就建議請求賣方修繕後交屋，或折讓價格。

簽約中的處理方法	說明
請求賣方修繕後交屋	簽約時，可要求在合約中註記「賣方修繕完成後才進行交屋」。
折讓價格	簽約時，若買賣雙方的共識，是以折價的方式處理常見瑕疵，就須在合約中註記細節，例如：是❶買方直接減少支付的金額，或是❷買方先支付全額後，賣方負擔該有的維修費等。

簽約後注意

此時已經進到簽約階段，若順利，日後可找驗屋公司或專業的廠商協助驗屋；但若簽約後才發現有瑕疵，就已經沒有不買的退路，所以只能針對瑕疵問題做處理和討論。

關於簽約後的防範及處理常見瑕疵屋況的方法，以下將分別說明。

▣ 簽約後的防範方法

簽約後，若擔心房屋有常見的瑕疵，可在交屋前請適合的驗屋公司或相關專業人員，協助進行驗屋，以對屋況做最後確認。

▣ 簽約後的處理方法

若知道房屋有漏水、壁癌等瑕疵，建議在此階段須找專家評估是否修繕完成，以及確認是否有保固。

簽約後的處理方法	說明
找專家評估是否修繕完成	❶ 若買賣雙方決定由賣方先修繕後再交屋，買方須在交屋前找專家評估瑕疵是否都已修繕完成。 ❷ 若買方在接近交屋期限前才發現瑕疵，且希望賣方能修繕後再交屋時，買賣雙方可簽訂延後交屋的協議書（通常會協議延長足夠的時間，讓廠商能夠完整評估，並讓雙方合意用什麼方式修繕），以免出現超過期限沒交屋而違約，並因此被罰款的問題。（註：關於違約罰款的詳細說明，請參考 P.189。）
確認是否有保固	若物件有找廠商維修，可和廠商確認是否有保固？保固期多久？另外，若屋主以前維修過，也可確認之前廠商是否有提供相關的保固服務，以加強自身權益的保障。

COLUMN 04

交屋後權利

交屋後，房屋主要使用者就是買方，因此若在交屋後才發現有屋況瑕疵，最困難的事在於責任的釐清：到底是前屋主的問題？還是買方的使用問題？或是交屋後裝潢的問題等。關於交屋後的處理常見瑕疵屋況的方法，以下將進行說明。

◨ 交屋後的處理方法

若在此階段發現才房屋有漏水、壁癌等瑕疵，此階段主要須先釐清責任，找專業的廠商判斷瑕疵成因。

如果責任在於前屋主，且前屋主不願意處理瑕疵時，就只能走法律途徑，以調解或訴訟維護自身的權益，要求前屋主負起瑕疵擔保責任；但若責任在於買方，自然是由買方負擔屋況瑕疵的維修費用。

不過，若買方在發現瑕疵後超過六個月才行使請求權，或是買方發現瑕疵時，距離房屋交易的時間已經超過五年，就可能無法向賣方走法律途徑求償。（註：關於瑕疵擔保責任的詳細說明，請參考 P.128。）

重大瑕疵屋況

◨ 重大瑕疵屋況的處理方式

買方在不同階段發現重大瑕疵屋況時，所能採取的處理方式並不相同，可參考以下圖表。

簽約前 P.135	簽約中 P.138	簽約後 P.139	交屋後 P.140
・現場看屋 ・多問多確認 ・不動產說明書 ・銀行估價 ・網路查詢	・瑕疵擔保責任 ・押解約條款 ・自費申請檢測	・交屋前驗屋 ・驗屋公司協助	瑕疵擔保責任
01	02	03	04

■ 重大瑕疵屋況的定義

了解常見瑕疵屋的細節及處理方式後，如果碰到的物件是重大瑕疵該怎麼辦？一般常聽到的重大瑕疵屋況，不外乎是凶宅、海砂、輻射屋，其中海砂屋及輻射屋是因為房屋材料的鋼筋或混凝土本身出問題，而鋼筋及混凝土就像房屋的骨頭和肌肉，所以海砂屋就是混凝土（肌肉）出了問題，輻射屋就是鋼筋（骨頭）出了問題。

而在說明如何防範及處理重大瑕疵屋況前，應先了解海砂屋、輻射屋、凶宅等不同重大瑕疵屋況的定義，因此以下將分別說明。

重大瑕疵屋況	說明
海砂屋	❶ **定義**：指建築房屋時，混凝土的氯離子含量超過標準值。通常蓋房屋所使用的鋼筋外層會有一層保護膜，這層膜在鹼性的環境中比較安定，並能有效區隔鋼筋與水和氧氣的接觸，避免氧化生鏽，但混凝土中氯離子含量過高時，會破壞鋼筋外的這層保護膜，導致鋼筋開始氧化並產生不同程度的膨脹，而因為體積增加，導致鋼筋和空氣中的水及氧氣接觸機會提升，進而易使鋼筋生鏽得更嚴重。（註：民國七十至八十年區間建成的房屋為海砂屋的機率較高。） ❷ **瑕疵的危害**：因為此種混凝土中含有較多氯離子，而氯離子影響鋼筋後，輕微的狀況是可能產生「壁癌」；長期會加速腐蝕鋼筋，造成混凝土塊剝落，嚴重損害房屋結構體，進而對人身安全產生威脅，並影響房屋的價格及貸款問題。
輻射屋	❶ **定義**：指建築房屋時，鋼筋或其他材質有受到輻射汙染。（註：民國七十一至七十五年區間建成的房屋為輻射屋的機率較高，可到原子能委員會查詢清冊。） ❷ **瑕疵的危害**：受到輻射汙染的鋼筋會產生放射性物質，而對人體的健康造成傷害，並會影響房屋的價格及貸款問題。
凶宅	❶ **內政部民國九十七年函釋的定義**：「賣方產權持有期間，於其建築改良物之專有部分（包括主建物及其附屬建

| | 物），曾發生凶殺或自殺而死亡（不包括自然死亡）之事實（即陳屍於專有部分），及在專有部分有求死行為而致死（如從專有部分跳樓輕生，而死在其他樓層或中庭）；但不包括在專有部分遭砍殺而陳屍他處之行為（即未陳屍於專有部分）。又賣方的擔保責任範圍只限於擔保自己出售之房屋非凶宅，並不包括同棟大樓其他的房屋。」上述定義可簡單整理成三點，① 時間：賣方產權持有期間；② 空間：建築改良物之專有空間；③ 型態：凶殺或自殺而死亡（非自然身故）。（註：內政部對凶宅的定義，和法院曾有的判例及一般民眾的內心認定並不完全一致，例如：法院判例認為須考量致死事件發生的經過、事件經過的時間長短等因素，而不只是考量往生者最終死亡的樓層位置。） |
|凶宅| ❷ **瑕疵的危害**：對居住者的心情可能有負面影響，進而影響房屋的價格及貸款問題，因為銀行的估價會隨著市場行情影響；因此購買凶宅前，須留意自備款是否充足，因為有許多銀行無法貸款給凶宅。 |

 看屋小知識 TIPS FOR HOUSE INSPECTION

關於「凶宅」定義的認定，是否可能因為判斷者的不同，而有不同的認定原則？

會，以下將分享兩個凶宅案例，並進行說明。

案例一

假設有人從十樓跳樓到二樓露台（假設為約定專用部分而非專有部分）後往生，請問二樓算凶宅嗎？

首先可先從以下三點判斷。

❶ 時間：是在賣方產權持有期間。

❷ 空間：不是建築改良物之專有空間。

❸ 型態：符合凶殺或自殺而死亡（非自然身故）。

因此若以內政部的函釋判斷，並不符合凶宅定義。

但法院判定時，並非以內政部函釋來認定，結果認定此案例的二樓為凶宅；而在一般人的認知中，二樓有人因為跳樓自殺而死亡陳屍過，自然會覺得二樓屬於凶宅。

凶宅			
十樓→二樓身故	內政部函釋	法官判決	一般民眾認知
認知	✘	○	○
見解	是否在專有部分有求死行為而致死。	根據事件發生經過、事件經過時間長短而判定。	是否影響購買及居住意願。

因此同一個案件在不同的情況，有不同的凶宅認定原則。（註：公寓大廈建物結構上可區分為「專有部分」、「共用部分」、「約定專用部分」、「約定共用部分」等四種類型。）

案例二

假設有人從十樓跳樓到中庭（共有部分）死亡，請問中庭算凶宅嗎？

同樣先從以下三點判斷。

❶ 時間：是在賣方產權持有期間。

❷ 空間：不是建築改良物之專有空間。

❸ 型態：符合凶殺或自殺而死亡（非自然身故）。

由此可知，十樓有求死行為並自殺死亡，只是在中庭往生，其中十樓算凶宅，但中庭屬於共有空間而非專有空間，所以其他樓層不會因為中庭有人往生過，就被影響而變成凶宅。

額外補充

坊間可能會聽到「洗凶宅」的說法，因為內政部的函釋提到「屋主持有期間內」，但若屋主A將房屋賣給B，屋主B再賣給C，以內政部的函釋來說，C買到的房屋就不算凶宅。

可是在法院判定上，函釋只是參考，因此屋主在賣屋時，必須盡到誠實告知的義務，且在一般買方市場與銀行估價時，通常都會認定該房屋是凶宅價格，所以這部分須稍微留意。

了解重大瑕疵的定義及危害後，買方在購屋前可以怎麼預防呢？在實際看屋時，若發現房屋是海砂屋、輻射屋、凶宅等，即可採取以下做法，進行重大瑕疵屋況的防範及處理。

重大瑕疵屋況的防範及處理

簽約前多看 (P.135)

此階段的防範方法包含現場看屋、多問多確認、閱讀不動產說明書、申請銀行估價，以及透過網路查詢。

處理方法
不選重大瑕疵物件。

簽約中確認 (P.138)

此階段的防範方法包含註明現況交屋、確認瑕疵擔保責任、押解約條款，以及申請自費檢測。

處理方法
包含押解約條款及自費檢測。

簽約後注意 (P.139)

此階段的防範方法包含找驗屋公司進行驗屋。

處理方法
包含自費申請做檢測，以及確認是否可解約。

交屋後權利 (P.140)

此階段已無防範方法。

處理方法
包含進行法律調解或訴訟。

COLUMN 01

簽約前多看

　　因為簽約後才發現重大瑕疵的物件，不代表可以無條件解約，除非合約書上面有明文規定，或有寫上解約條款，所以重大瑕疵的預防會比一般瑕疵物件重要很多。關於簽約前的防範及處理重大瑕疵屋況的方法，以下將分別說明。

▨ 簽約前的防範方法

　　簽約前，可透過現場看屋、多問多確認、閱讀不動產說明書、申請銀行估價，以及透過網路查詢等方式，確認房屋是否存在任何重大的瑕疵屋況。

簽約前的防範方法	說明
現場看屋	❶ 若現場看屋時，有看見嚴重的壁癌、牆面剝落及出現裂痕、鋼筋外露等較特殊的狀況，就要留意是否可能有重大

簽約前的防範方法	說明
現場看屋	瑕疵屋況的問題。（註：由於買方較難從重新裝潢過的空間看出端倪，因此可從房屋的共有空間，例如：頂樓、地下室停車場等，較少會進行重新裝潢的地方，觀察是否存在可能為海砂屋的特徵。） ❷ 可付費請專業檢驗公司（例如：SGS）做海砂屋或輻射屋的檢測，但前提是須經過屋主同意，因為檢測時可能需要在房屋的牆面鑽孔，且檢驗結果通常會記錄在合約書中，或是檢測後但買方不買，就有可能影響屋主日後賣屋的情況，所以屋主不一定會願意在簽約前讓買方做付費檢測。 ❸ 可請第三方陪同看屋，例如：找修漏師傅確認是否有重大瑕疵的可能，但修漏師傅只能憑經驗判斷，無法直接做檢測。（註：現場看屋頂多有機會減少買到海砂屋的情況，但凶宅和輻射屋無法用看屋判斷。）
多問多確認	在現場看屋時，可向附近鄰居、仲介、屋主、管理員、鄰里長等人詢問屋況。 例如：若房屋是凶宅，附近鄰居、管理員、鄰里長等人可能會知情或有所耳聞。
閱讀不動產說明書	❶ 不動產說明書中的「標的物現況說明書」，是屋主委託仲介賣屋時，一定要填寫給仲介的文件資料，裡面會詳細記載房屋的基本資料及房屋狀況，包含：是否做過氯離子檢測（氯離子含量過高可能就是海砂屋）、是否做過輻射量檢測、是否有非自然身故等。（註：不動產說明書的內容會包含：建物標示、所有權登記、建物型態、目前管理與使用情況、建物瑕疵情形、車位情形、周邊環境、基地標示等相關資訊。） ❷ 雖然可在現場看屋前，透過仲介提供不動產說明書，確認其中是否有重大瑕疵屋況的紀錄，但實務上，比較多情況會在看屋後，真的有喜歡房屋，才會進而查閱不動產說明書的細項，所以對買方來說，可請仲介協助先行確認不動產說明書的特殊事項，等買方看完房屋後且真的喜歡時，再請仲介協助提供不動產說明書進行確認即可，如此可省下許多時間。

閱讀不動產說明書	❸ 通常同一個區域的房屋建材來源可能相同，所以若有房屋確定是海砂屋或輻射屋，則位於同一區域的房屋也須留意，
閱讀不動產說明書	有相同重大瑕疵的可能性較高，因此該物件附近若有海砂屋或輻射屋的情況，就有可能會在不動產說明書上記錄，如此可以了解附近房屋是否有海砂屋及輻射屋的可能。
申請銀行估價	因為有些銀行有自己內部的鑑價資料庫，以判斷房屋的行情價格區間，以及是否有重大瑕疵註記等。 因此買方可透過申請兩、三家銀行的估價，並根據估價結果確認房屋是否可能具有重大瑕疵的情況。 例如：若銀行鑑價資料中註記某房屋有重大瑕疵屋況，則房貸核准的貸款成數會下降，甚至可能無法通過房貸申請。（註：關於房屋貸款的詳細說明，請參考 P.60；關於銀行估價的詳細說明，請參考 P.172。）
透過網路查詢	❶ 可在「行政院原子能委員會網站」的「現年劑量達1毫西弗以上輻射屋查詢系統」，透過輸入房屋地址，查詢房屋是否為輻射屋。 ❷ 台灣地區輻射屋的建造時間只有出現在民國七十一年至七十五年，因此建造時間屬於此時段的房屋，若想進一步確認輻射偵測結果，可洽詢政府的輻射屋免付費諮詢專線：0800-076-678。 ❸ 可在民營的「台灣凶宅網」上，透過關鍵字搜尋，尋找論壇上是否有哪間房屋是凶宅的資訊。（註：台灣凶宅網並非官方經營，所以上面沒有顯示為凶宅的房屋，不一定代表就不是凶宅，因此凶宅的判定比較困難，較無法用科學的方式做確認，這部分須多加留意。） 年劑量達1毫西弗以上輻射屋查詢系統 QRcode 台灣凶宅網 QRcode

▓ 簽約前的處理方法

若在簽約前就發現房屋具有重大瑕疵，除非確定自己能接受，不然就建議不要選購此房屋。

簽約中確認

　　若在意重大瑕疵屋況的風險，建議可在合約書上，經過與屋主溝通、同意後，寫上重大瑕疵屋況的無條件解約條款。關於簽約中的防範及處理重大瑕疵屋況的方法，以下將分別說明。

▨ 簽約中的防範方法

　　簽約時，若擔心房屋有重大瑕疵，可和屋主討論，並在合約中確認屋主的瑕疵擔保責任、押詳細的解約條款，例如：若房屋屬於重大瑕疵物件，則無條件解約，以及和屋主討論可否由買方申請自費檢測，以保障買方自己的權益。

簽約中的防範方法	說明
註明現況交屋的細節	詳細說明請參考 P.128。
確認屋主的瑕疵擔保責任	詳細說明請參考 P.128。
押解約條款	❶ 可提出是否能在合約中加入以下條款：「買方自費請SGS單位做海砂屋的檢測，若檢測結果超過氯離子含量標準，就無條件解約（退還價金且不收違約金）。」（註：須經過屋主同意才能做檢測。） ❷ 可提出是否能在合約中加入以下條款：「買方自費請行政院原子能委員會認可的單位，做輻射屋相關檢測，若檢測結果為輻射屋，就無條件解約（退還價金且不收違約金）。」（註：須經過屋主同意才能做檢測；關於行政院原子能委員會認可的單位，請參考「合格輻射防護業者查詢」網頁。） 合格輻射防護業者查詢網頁 QRcode
申請自費檢測	❶ 經過屋主同意後，買方自費請①SGS單位做海砂屋的檢測；或請②行政院原子能委員會認可的單位，做輻射屋相關檢測。

申請自費檢測	❷ 關於海砂屋檢測值的規定為：「**民國104年後的房屋混凝土的氯含量容許值為0.15kg/m³以下；民國87年後的房屋混凝土的氯含量容許值為0.3kg/m³以下；民國83年後的房屋混凝土的氯含量容許值為0.6kg/m³以下。**」而檢測氯含量時，共會鑽孔三個地方，並取平均值為最終檢測數值，因此只要平均值符合規定，即使其中有單次數值超過上述的規範數值，還是有可能算檢測過關。 例如：民國八十四年的房屋，申請氯離子檢測，鑽三個孔，數值分別為0.5kg/m³、0.7kg/m³、0.3kg/m³，雖然有一個數值超過0.6kg/m³的標準，但平均數字只有0.5kg/m³，沒有超過標準，則該物件不屬於超過氯離子標準的範疇，也就不符合海砂屋的重大瑕疵物件定義。（註：氯離子含量過高不一定是海砂屋，但海砂屋的氯離子含量通常會超過氯離子數值標準。）

簽約中的處理方法

若在此階段發現房屋可能存在海砂屋、輻射屋等重大瑕疵，就建議押解約條款及做自費檢測。（註：關於押解約條款及申請自費檢測的詳細說明，請參考P.138。）

COLUMN 03

簽約後注意

在簽約中都還有挽回的局面，但若進入到簽約後，就須依照合約書的內容走，倘若合約內沒有註記重大瑕疵屋可無條件解約的條件，很有可能屋主只會賠償部分金額，但損失較大的可能會是買方。關於簽約後的防範及處理重大瑕疵屋況的方法，以下將分別說明。

簽約後的防範方法

簽約後，若擔心房屋有重大瑕疵，可在交屋前請適合的驗屋公司協助進行驗屋，以對屋況做最後確認。

▨ 簽約後的處理方法

若在此階段發現房屋可能存在海砂屋、輻射屋等重大瑕疵，就建議自費申請做檢測，以及確認是否可解約。

簽約後的處理方法	說明
自費申請做檢測	詳細說明請參考 P.138。
確認是否可解約	若檢測後發現確實有重大瑕疵屋況，就確認是否符合之前押過的解約條款，若符合，即可解約；因為部分仲介公司的合約內容，不一定會針對重大瑕疵物件註記解約條款的事項，所以簽約前須多加確認合約內容。

COLUMN 04

交屋後權利

如果交屋後才發現是重大瑕疵屋況，會很難再行解約，可能只能透過長時間的訴訟來爭取自身權益。關於交屋後的處理重大瑕疵屋況的方法，以下將進行說明。

▨ 交屋後的處理方法

若在此階段發現才房屋是海砂屋、輻射屋或凶宅，且前屋主不願意處理糾紛時，就只能走法律途徑，以調解或訴訟維護自身的權益，要求前屋主負起瑕疵擔保責任。

不過，若買方在發現重大瑕疵後超過六個月才提出調解、訴訟，或是買方發現重大瑕疵時，距離房屋交易的時間已經超過五年，就無法再向賣方主張瑕疵擔保責任。（註：關於瑕疵擔保責任的詳細說明，請參考 P.128。）

看屋後談價

NEGOTIATE THE PRICE AFTER
VIEWING THE HOUSE

ARTICLE

01

看屋後談價

談價前須知

在看屋時，了解如何避免及處理瑕疵屋況後，就可以準備出價談喜歡的物件，但是，出價、談價是一門學問，對於沒有買房經驗的新手買方來說，出價、談價並不容易。

若是憑感覺出價，會擔心出價太高會買貴，或出價太低而產生買不到的窘境，為了避免這些情況，這個單元會分享買方選出自己喜歡的房屋並正式出價前，應先了解的須知事項，包含談價的流程、談價的雷區、談價的方法，以及避免賠款的方法。而談價的流程中，在「選擇談價的方法」之前的步驟，都可以當作談價前的階段來理解。

▓ 有仲介協助購屋時的談價流程

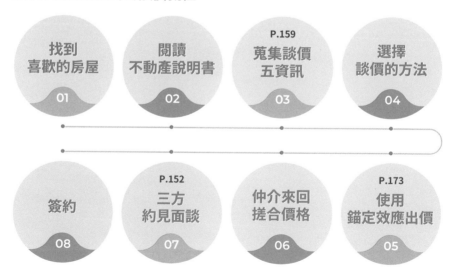

找到
喜歡的房屋
01

閱讀
不動產說明書
02

P.159
蒐集談價
五資訊
03

選擇
談價的方法
04

簽約
08

P.152
三方
約見面談
07

仲介來回
搓合價格
06

P.173
使用
錨定效應出價
05

142

找到 喜歡的房屋 01	確認 房屋產權 02	P.159 蒐集 談價資訊 03	直接找屋主 面對面或 打電話談價 04	簽約 05

談價的雷區

買方談價時，須避開以下的談價雷區，否則就算已經進入談價的過程，價格也已經很接近了，仍會很難順利成交。為了避免這種情況發生，必須先知道談價雷區，並在真正談價時，避免觸碰到，而常見的談價雷區包含：先出高價再談低、想買一間房屋卻同時找很多仲介出價等，以下將分別說明。

COLUMN 01
嫌貨才是買貨人

很多人說：「嫌貨才是買貨人」，但在買屋談價時，這句話到底適不適用呢？如果可以用，該怎麼用呢？是否只要將房屋嫌的一文不值，屋主就會自己知道該降價？還是可能會造成反效果？

◼ **易發生的情境**

❶ 買方直接和賣方購屋時（過程中沒有仲介協助）。

❷ 仲介帶買方看屋，而賣方也在看屋現場時，例如：賣方尚未搬家，因此買方看屋時，屋主還住在屋中。

◼ **迷思**

有些買方誤以為多挑剔幾項房屋的缺點，有助於讓賣方認為自己對此筆交易很重視，或想企圖透過「嫌貨」使賣方產生降低售價的意願。

看屋時，若買方在賣方面前口無遮攔的大肆批評房屋，只會讓賣方感到困惑及不滿，一方面賣方會疑惑：「既然買方如此不喜歡，為什麼還想要購買？」其次，不用買方特別嫌棄房屋，屋主比第一次來看屋的買方，更清楚知道自己房屋有哪些缺點。

另一方面，每間房屋都有賣方居住時的珍貴回憶，因為賣方多少都會對自己住過的地方有感情，所以買方若一直批評房屋的缺點，可能會讓賣方心情不佳，並因此拒絕將房屋賣給買方。

■ 建議

買方對房屋的缺點建議點到為止就好，並可使用補充的方式說明，例如：「我覺得這間房屋還滿好的，不過，如果……的話，可能會更好」的委婉句子進行表達，以免讓賣方產生反感的情緒，例如：「我覺得這間房屋還滿好的，不過，如果客廳的採光可以再好一點的話，可能會更好」。

購屋小知識 TIPS FOR BUYING A HOUSE

談價時，要照顧到賣方的感受

一般新手談價時，容易誤以為要不斷批評房屋才能成功殺價，但事實上，往往會因為買方的大肆殺價，反而使價格不好談下來。所以買方須換位思考：「如果用連自己都無法接受的語氣殺價，屋主怎可能會願意因此在價格上退讓呢？」談價需要感同身受，且很多屋主會願意降價，往往是因為看到買方認同自己的房屋，所以能夠有互相體諒的感受。

須照顧賣方感受的原因

畢竟對還沒有進住來的買方而言，房屋可能只是一個物品，但對屋主來說，這間房屋可能是陪伴他從年輕、出社會到成家立業，甚至可能包含從孩子的出生到成年的回憶。

若不照顧賣方感受的後果

買方如果為了砍價，而以缺少同理心的方式殺價，會間接讓屋主覺得，也許這間房屋根本不適合買方，導致屋主降價的可能性更低。即使未來買方願意加價，屋主還是可能會選擇賣給其他出價稍低，但更有誠意的買方，因此買方要留意，談價時須首重賣方的感受，而非只針對冷冰冰的數字論價。

從低亂出價

經常在網路上看到新聞或有人分享，只要用打對折或六折等數字出價購屋，就不會買貴，甚至可能買到便宜的價格，真的是這樣嗎？

▨ 易發生的情境

仲介帶買方看屋後，買方決定以斡旋或要約的方式向賣方出價。（註：關於斡旋的詳細說明，請參考 P.150；關於要約的詳細說明，請參考 P.151。）

▨ 迷思

買方沒有參考行情，也沒有合理依據，而是憑感覺出價，且會隨意以售價的五折、六折或七折等開始出價。

▨ 事實

買方因為害怕買貴，所以「想透過從低價漸漸加價，以探測賣方對售價的底線」的邏輯其實沒錯，但是不能亂出過低的價格，否則賣方容易認為買方沒誠意，而不願降價談。

另外，假設行情是1,000萬，屋主也想以1,000萬成交，但買方怕買貴，沒有做功課，而以六折600萬出價談，如此一開始屋主通常不會降價，因為屋主除了會覺得買方可能想要趁機撿便宜外，也會覺得買方沒有誠意。

但當買方逐漸加價到700萬、800萬、900萬時，即使買方已經加價300萬，理應屋主也會降價回應，但若賣方覺得買方在短時間內就能加價不少金額，可能會使賣方產生「可以慢慢等對方繼續加價」的想法，反正屋主只要等待就好，不需要降價回應買方的加價，如此就更不容易使售價下降。

▨ 建議

買方做好行情功課後，以合理且合邏輯的數字當作第一口價格出價，再逐漸適當的加價，且加價時須評估自己的加價上限，若超過內心預期，就放棄此房屋。（註：關於談價五資訊的詳細說明，請參考 P.159。）

購屋小知識 TIPS FOR BUYING A HOUSE

出價要出在屋主癢處，並非隨意從低出價

如果買方沒有依據、盲目從低出價，例如：隨便以六折或對折出價，屋主只要拉高開價，就能應付這種對行情價不做功課的買方。因此從低價亂出價的方法對殺價並沒有太大幫助。

反而買方若能有所依據的出第一口價，屋主會比較了解買方的誠意，同時也激發起屋主想要把握和這個買方成交的想法，因此較有機會進一步談合理的價格，所以出價不應從低價亂出價，而是要出在屋主的癢處。

　　至於如何出價在屋主的癢處，後續利用與蒐集談價五資訊時，就會清楚明瞭。（註：關於談價五資訊的詳細說明，請參考 P.159。）

COLUMN 03

先出高價再談低

　　有些人分享，先出高價格吸引屋主見面後，再來回馬槍，殺屋主個措手不及，以此迫使屋主降價就好，這樣真的是一個好的談價方法嗎？

▨ 易發生的情境

　　仲介帶買方看屋後，買方決定以斡旋或要約的方式向賣方出價，並邀請屋主出來見面談。（註：關於斡旋的詳細說明，請參考 P.150；關於要約的詳細說明，請參考 P.151。）

▨ 迷思

　　買方出價時，先出高價吸引賣方願意出來見面談，等到見面談時，卻沒有合理的理由反悔原本價格，並提出比原本更低的價格。

▨ 事實

　　買方出價的邏輯應該是出價總金額要越來越高才合理，若見面談時才向賣方反悔價格、來個回馬槍。就算日後真的成交，也有可能不是雙贏的局面。

例如：斡旋書上面寫1,000萬，好不容易約屋主出來見面談後卻反悔，改用950萬談價格，除非屋況有瑕疵或有其他合理原因，否則屋主會覺得被騙，結果反而會讓屋主覺得買方毫無誠信可言。

再者，談判這件事必須換位思考，如果自己是屋主，會希望將房屋賣給什麼樣的人？如果自己無法接受別人用這樣的方法對待我們，是否就該避免使用這樣的方式對待他人呢？

▨ 建議

買方先以合理的低價出價，再逐漸加價，且用多少數字邀請屋主出來見面談，就須用多少數字開始見面談，以符合出價的正常邏輯和誠信。

 購屋小知識 TIPS FOR BUYING A HOUSE

買方在談判過程中，須不斷換位思考，並且首重雙方的感覺，如果讓屋主覺得不開心，甚至讓屋主覺得買方沒誠信，案件就會變得非常棘手，不僅成交難度提升，更有可能讓屋主一毛不降，而因此結束洽談，導致買方必須看其他物件，甚至仲介可能也會放棄此買方，所以談價的過程中，要合情、合理、合道德，最後的成交價才更有可能落在自己的理想區間。

COLUMN 04

找多個仲介談同一件案子

有些人以為，如果屋主找多家房仲業者賣屋，此時買方是不是找多個仲介來談同一個案件，就可以測出屋主的底價，進而殺出好價格呢？

▨ 易發生的情境

仲介帶買方看屋，且買方以斡旋或要約的方式向賣方出價後，因賣方對出價不滿意而拒絕，且買方後續沒有再加價，而是想另外找其他仲介，以相同的價格跟同一個屋主提出斡旋或要約洽談，看是否會有不同的結果。（註：關於斡旋的詳細說明，請參考 P.150；關於要約的詳細說明，請參考 P.151。）

❶ 有些買方以為多找個仲介幫自己向同個賣方談價，就可以讓賣方感受到誠意。

❷ 有些買方以為賣方會對不同仲介給予不同的定價條件，因此想嘗試找到定價最低的仲介購買房屋。

◪ 事實

　　賣方給不同仲介的房屋定價條件都相同，買方不會因為找比較多仲介諮詢，而獲得「撿到便宜」的可能性。

　　因為買方同時找多個仲介談價，容易延伸出兩種可能的狀況，第一種是屋主不知道多個仲介的背後都是同一個買方在出價，所以就會覺得自己的房屋很搶手，反正一個買方沒談成，還有另外兩、三個買方可以談，因此降價的意願就會降低。

　　第二種狀況是，屋主知道是同一個買方找不同仲介出價，此時屋主容易覺得買方為什麼不好好找一家仲介談就好，非得要旁敲側擊，測試屋主的底價。如果一開始買方真心誠意的好好談價，反而不會使屋主感受不佳。

◪ 建議

　　除非買方遇到服務不佳的仲介，或真的找第一家仲介談價後，只差了一點點金額，甚至只差了服務費而無法成交，此時才建議可以找另一家仲介看是否願意成交，否則不必找太多仲介或頻繁更換仲介。

　　而買方若想讓賣方感受到自己的誠意，比起請更多仲介協助談價，直接真誠理性的與屋主好好談價，才是正確且有效的方式。

COLUMN 05

房屋喜歡卻假裝無所謂

　　有些人以為在找屋的過程中，如果讓仲介或屋主知道自己喜歡這間房屋後，就會很難談價格，所以碰到真正喜歡的房屋時，反而會故意跟對方表示不喜歡這類型的房屋。

■ 易發生的情境

仲介帶買方看屋後，買方其實心裡有意願以斡旋或要約的方式向賣方出價，卻不願意表現出自己對房屋的喜歡程度，甚至假裝表現出一副無所謂的態度。（註：關於斡旋的詳細說明，請參考 P.150；關於要約的詳細說明，請參考 P.151。）

■ 迷思

有些買方認為在看屋時，若太快讓仲介知道自己喜歡房屋，會較難談價，因此會在找到喜歡的房屋時，假裝自己不喜歡、看不上眼。

■ 事實

仲介帶買方看屋時，會根據買方的喜好程度，決定未來是否要帶買方繼續看相似條件的房屋，因此買方若沒有向仲介誠實告知自己的喜好，反而會讓仲介誤判買方的需求，導致未來容易帶買方看更不符合買方需求的房屋。

如果買方假裝不喜歡物件，仲介會很難協助買方談價，因為仲介會誤以為買方真的不喜歡這間房屋，導致也許明明可以用理想金額成交的物件，卻因為買方的刻意假裝，而失去取得好房屋的機會。

■ 建議

請買方直接向仲介表達自己是否喜歡，並說明有哪邊喜歡及哪邊不喜歡，如此較能更快找到適合自己的房屋，且仲介也能更清楚買方的真實想法，談價時才比較好跟屋主議價。

談價的方法

了解完常見的談價雷區後，就可以開始認識常用的談價方法，而買方與賣方常見的談價方法共有四種，分別為口頭談、斡旋談、要約談及見面談，以下將分別說明。

口頭談

指買方與賣方以口頭約定的方式，共同約定售價及是否成交。不過，因為此方法缺乏書面證明，所以幾乎沒有法律效力，若有任何一方反悔，另一方將很難向反悔者求償。

一般口頭談的方法常用在買賣雙方的理想價格差距較大，或是買方對這間房屋有興趣，但還在正式付斡旋洽談之前的蒐集資訊階段。

斡旋談

指買方支付一筆款項（斡旋金），並簽署斡旋書後，透過仲介向賣方談價。若賣方接受買方的出價，就會收下斡旋金當作定金，並約定時間簽約。若賣方不接受，斡旋金就會全部退回給買方，此時買方若想繼續斡旋，就須再次重新討論價格；若價格雖然還不到能夠成交，但接近屋主理想的數字範圍，就有機會運用斡旋書邀請屋主出來進一步見面談。（註：關於見面談的詳細說明，請參考 P.152。）

▨ 斡旋書中具備的內容

斡旋書又稱為斡旋金契約，而通常房屋買賣的斡旋書中，會具備以下內容。

❶ 房屋地址。

❷ 斡旋金的金額及支付方式。

❸ 買方對房屋的出價金額及支付方式。

❹ 其他承購條件，例如：買方想提出的解約條款。

❺ 斡旋期限與相關約定事項，例如：斡旋書的有效期限、若同意斡旋後的協商簽約時間、買賣雙方若有一方違約時的賠償金額等。

❻ 買方及仲介的簽名或蓋章處。

❼ 賣方是否同意接受斡旋的簽收聯，此處須有賣方簽名或蓋章的位置，以及註明簽署時間。

❽ 賣方若不同意斡旋時，買方的斡旋金退款簽收聯，此處須有買方簽名或蓋章的位置，以及註明簽署時間。

斡旋金支付多少才合適？建議應如何支付？

斡旋一次建議支付5萬或10萬，但依照不同總價的物件，會有不同的斡旋金額，一般2,000萬以下的自住物件，常見的斡旋金為5萬或10萬，但如果總價很高，斡旋金也有可能50萬以上，甚至破百萬。

另外，建議以現金方式支付斡旋金。當買方將斡旋金交給仲介後，仲介會提供一張紅色的收執聯（收據）給買方，表示有收到買方支付的斡旋金，且仲介通常會將現金用信封袋裝好，再轉交給賣方。 另外，買方須將收執聯保存好，因為賣方若拒絕斡旋，買方須將收執聯交給仲介，才能取回斡旋金。

如果反悔的結果

若屋主在同意以斡旋書上的價格成交前，買方就反悔，不想繼續斡旋，就可直接取消並取回斡旋金，且沒有任何違約處罰。

若賣方已經看過斡旋書，且已在斡旋書上勾選同意以此價格成交並簽名，此時若買方反悔，斡旋仍可取消，但買方已支付的斡旋金，就會變成違約金支付給賣方，而無法退還取回。

COLUMN 03
要約談

有時買方希望仲介協助洽談，但不想提供斡旋金時，就可以使用簽署要約書的方式來探測屋主的價格，而買方簽署要約書後，就能透過仲介向賣方談價。

若賣方接受要約書上的價格，就會用此價格進入到簽約流程；若賣方不接受，就退回要約書，此時買方若想繼續討論價格，就需要再重新加價，並填寫新的要約書價格；若價格雖然還不到能夠成交，但接近屋主理想的數字範圍，就有機會運用要約書邀請屋主出來進一步見面談。（註：關於見面談的詳細說明，請參考 P.152。）

要約書中具備的內容

要約書又稱為要約契約，而通常房屋買賣的要約書中，會具備以下內容。

❶ 房屋地址。

❷ 買方對房屋的出價金額及支付方式。

❸ 其他承購條件，例如：買方想提出的解約條款。

❹ 要約期限與相關約定事項，例如：要約書的有效期限、若同意要約後的協
商簽約時間、買賣雙方若有一方違約時的賠償金額等。

❺ 買方及仲介的簽名或蓋章處。

❻ 賣方是否同意出售的簽收聯，此處須有賣方簽名或蓋章的位置，以及註明
簽署時間。

❼ 賣方若不同意要約時，買方不得向房仲公司提出異議的保證聯，此處須有
買方簽名或蓋章的位置，以及註明簽署時間。

購屋小知識 TIPS FOR BUYING A HOUSE

談價時，應該運用斡旋還是要約？哪種方式比較好談呢？

以實務來說，若能運用斡旋來談價格，仲介會比較能讓賣方感受到買方的誠
意，當然也可以使用要約來談，只是額外要留意幾件事，若談成之後，日後
反悔，要約書的罰則會比斡旋書更高，再來是當同一家仲介同時有兩個買方
付同一個案件的斡旋及要約時，通常付斡旋的買方有優先談價的權利。

▧ 如果反悔的結果

如果屋主在同意以要約書上的價格成交前，買方就反悔，不想繼續使用要約
價格來談，就可直接取消，且沒有任何違約處罰；若賣方已經同意以要約書
上面的價格成交，且已在要約書上勾選同意以此價格成交並簽名，此時若買
方反悔，要約仍可取消，但買方須支付賣方等同3%房屋售價的金額（實際金
額依要約書條款而定），作為違約金。

COLUMN 04

見面談

當仲介評估買方與賣方的出價金額差距較小，而有機會透過見面談價成交
時，就會向賣買雙方約間時間見面，且見面談的地點可能會在代書中心或房仲公

司的店頭，這樣若買賣雙方談成後，當下就有專業的代書可以馬上協助簽合約書，並進行簽約用印的流程。

見面談的流程

可分為兩階段，通常第一階段是買賣雙方在同一個空間內，由仲介互相介紹並認識彼此，藉此讓買方了解屋主為何想賣屋，並針對屋況或鄰居及周遭環境進行了解，同時屋主也可以藉此時間認識買方，了解買方為何想要買屋等；第二階段是買方及賣方會分別到不同的房間，並由仲介在兩個房間之間來回傳遞彼此的出價，並協助議價，直到雙方在價格上獲得共識。

此為見面談價的示意圖，代表見面談價時，買方與屋主會在不同的房間，並由仲介來回傳遞價格。

仲介的談價技巧：資訊不對稱

仲介在談價中來回傳遞買賣雙方各自的出價時，不一定會把全部的金額告訴對方，例如：見面談時，買方加價到1000萬，可能仲介會和屋主說買方加價到980萬，以預留一點籌碼可以跟雙方談價，並營造出「雙方相當有誠意」的善意感受，使整體談價過程能更順利，而此技巧就稱為「資訊不對稱」。

仲介資訊不對稱的範例

假設賣方希望能賣出1,120萬，且最低可接受見面談價為900萬，則以下將用表格呈現賣方、仲介、買方三者談價時，仲介運用的資訊不對稱方法。（註：關於推測賣方最低定價的方法，請參考 P.159 的開價回推。）

另外，假設每一輪出價都是由賣方先出價，買方後出價。

（單位：萬）

		買方出價	仲介傳達的買方出價	仲介傳達的賣方出價	賣方出價
第一輪出價	賣方出價			1120	1090
	買方出價	900	880		
第二輪出價	賣方出價			1120	1060
	買方出價	930	910		
第三輪出價	賣方出價			1090	1030
	買方出價	950	930		
第四輪出價	賣方出價			1060	1010
	買方出價	970	950		
第五輪出價	賣方出價			1030	1000
	買方出價	970	970		
第六輪出價（成交）	賣方出價			1030（註❶）	1000
	買方出價	1000（註❷）	1000		

（註❶：仲介向買方提出：「1030萬和970萬相差60萬，若買方願意對半分攤價格（買方提高30萬、賣方降低30萬），賣方願意出價1000萬。」。）

（註❷：買方同意對半分攤，於是出價1000萬。）

從以上六輪出價及仲介傳遞的價格，可整理出以下的價差表格。

（單位：萬）

	買方與仲介的資訊差	買賣雙方的實際價差	賣方與仲介的資訊差
第一輪出價	20	190	30
第二輪出價	20	130	60
第三輪出價	20	80	60
第四輪出價	20	40	50
第五輪出價	0	30	30
第六輪出價（成交）	0	0	0

■ 談價方法的比較

談價方法	口頭談	斡旋談	要約談	見面談
是否須付斡旋金	否。	是。	否。	若見面前有斡旋談，就須付。
是否有法律效力	否。	是。	是。	若是斡旋或要約所促成的見面談，就有法律效力；若是口頭所促成的見面談，就無效力。
若違約是否會罰款	否。	是。	是。	若是斡旋或要約所促成的成交，就有法律效力；若是口頭談所促成的成交，就無效力。（註：但要能夠促成見面談成交，通常都會透過斡旋或要約的方式。）
使用時機	買賣雙方的出價金額差距較大時。	買賣雙方的出價金額差距中等時。		買賣雙方的出價金額差距較小時。

避免賠款的方法

了解四種常用的談價方法後，其中斡旋、要約及簽約都有相關的違約罰賣，我們須在了解避免違約賠款的方法前，知道不同狀況下的違約賠償金額是多少，並進一步認識有哪些方法可以避免自己賠款。

違約項目	賣方違約金額	買方違約金額
口頭談	無。	無。
斡旋談	須付與斡旋金相等的金額。	須付斡旋金（斡旋金被沒收）。
要約談	須付房屋總價的3%（依要約書內容而定）。	須付房屋總價的3%（依要約書內容而定）。
見面談（已簽合約）	須付房屋總價的15%（依合約書內容而定）。	須付房屋總價的15%（依合約書內容而定）。

違約賠款的舉例狀況	
狀況一	斡旋書上是以價格1,000萬跟屋主成交，斡旋金10萬，如果買賣雙方其中一方反悔的話，就必須罰10萬。
狀況二	要約書上是以價格1,000萬跟屋主成交，如果買賣雙方其中一方反悔的話，就必須罰30萬。（註：此處以3%計算。）
狀況三	合約書上的成交價格是1,000萬，如果買賣雙方其中一方反悔的話，就必須罰150萬。（註：此處以15%計算。）

但如果買方做到以下幾件事，就有很高機率可以避免違約賠款的狀況。（註：由於會違約賠款，比較高比例是因為房貸成數不足，導致自備款不足填補，所以為了避免此情況，以下分享三個預防方法。）

COLUMN 01

出價前先請銀行估價

在談價前，買方若先請銀行評估房價，可避免自己出價時買貴，以及有機會提早知道房屋是否屬於銀行認定的標準品，因為若不是標準品，買方能被通過八成貸款成數的可能性較低。

因此，買方可透過出價前先請銀行估價，提早評估自己申請房貸的結果是否能順利，例如：房貸審核的三面向六關卡中，可以提早跟銀行確認物況（估價、標準品）的部分；而有些銀行可能會用電話的方式，幫買方評估人況（職業、收入）。

不過要留意，房貸審核中的聯徵（負債、信用），只能在正式送審後，銀行才能協助確認，或透過自然人憑證線上申請，可以大致了解自己的信用狀況，如此也較能避免臨時得知貸款成數太低，而對如何另外籌款缺乏心理準備。（註：關於三面向六關卡的詳細說明，請參考 P.64。）

■ 可找仲介或代書配合的銀行

談價前，通常可以請仲介協助提供房屋的相關謄本，給銀行進行估價，如果自己沒有認識的銀行，建議可以找房仲公司或代書配合的銀行進行估價，且同時找兩、三家評估也可以；若買方自己要找不認識的銀行也可以，不過如

果自身沒有太多時間找多家陌生銀行評估，此時請房仲公司或代書協助介紹銀行會較省時。

另外，若談價前請銀行先行估價，也比較有籌碼知道如何跟屋主談價，畢竟屋主應該會比買方更清楚自身房屋的行情，而銀行的估價都有參考依據，找幾家銀行估價後，對於未來談價，買方的心中會比較踏實了解該物件在市場中的價值。

COLUMN 02
押房貸成數的解約條款

若買方擔心貸款成數過低，可能會害自己因為支付不出購屋款項，而被迫違約及罰款，可在出價前或談價中，就先請仲介協助和賣方討論是否能在簽約時的合約書中，押房貸成數的解約條款。例如：「若購屋貸款的純房貸成數（不包含其他信貸或其他民間貸款）申請不到七成，就可無條件解約並返回價金。」不過，要經屋主同意，才可押此條款。

▨ 可向代書諮詢解約條款的寫法

另外，也可以徵詢專業的代書意見，看解約條款該如何寫，對雙方比較有保障，因為解約條款必須買賣雙方合意接受，同時又必須有效力，這部分建議簽約前或簽約時，多問專業代書的建議；但若賣方不同意解約條款，買方就無法採用此方法降低違約風險。

COLUMN 03
遵守「問5找3送2備1」的技巧

多問、多比較、多確認，是買方能在簽約的前、中、後，針對「房貸」這部分做到的事，建議可以詢問多家銀行。

例如：從5家金融機構的房貸條件中，找出符合自身需求（成數、利率、年限為首要目標）的3家，並只先選其中2家金融機構正式申請、送審房貸，最後1家當作前2家若沒申請通過時的備案。（註：關於「問5找3送2備1」的詳細說明，請參考P.64。）

談價中須知

學過出價方式後，仍須了解會在實際出價、談價過程中必知的核心概念，包含談價資訊、錨定效應，以及談判心法。

但平時我們不一定能經常接觸到高單價的談判機會，甚至一輩子可能就只有幾次買賣房屋的經歷，因此若想把所有的談價技巧學起來，並不容易。

況且若為了使用自己學到的談價技巧，而用在不對的時機，並造成反效果，也不是自己樂見的事，因此以下會整理出新手購屋在談價時適用的方法，而此方法較能更精準估算適合的出價範圍，而不會使自己出價過高或過低，以使成交的機會增加。

談判三心法 (P.175)

為在見面談價時，須留意的三項因素，包含感覺、籌碼及目標。

談價中
須知

錨定效應 (P.173)

為透過買方及賣方的初次出價，定位出成交價的區間範圍的方法。

談價五資訊 (P.159)

為會影響出價的五種資訊，包含開價回推、仲介資訊、行情判斷、銀行估價及心中分數。

談價五資訊

為決定買方出價的五種資訊，例如：時價登錄的售價、銀行評估的房屋價格等，以下將分別進行說明。

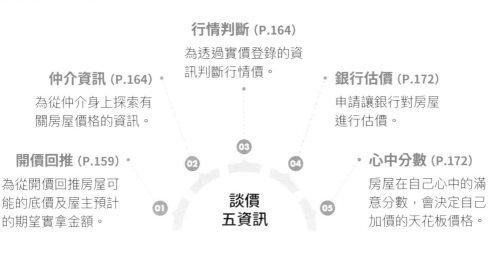

行情判斷 (P.164)

為透過實價登錄的資訊判斷行情價。

仲介資訊 (P.164)

為從仲介身上探索有關房屋價格的資訊。

銀行估價 (P.172)

申請讓銀行對房屋進行估價。

開價回推 (P.159)

為從開價回推房屋可能的底價及屋主預計的期望實拿金額。

心中分數 (P.172)

房屋在自己心中的滿意分數，會決定自己加價的天花板價格。

談價五資訊

COLUMN 01

開價回推

為透過房屋的開價，往回推算房屋的可能底價，以及屋主的實拿價。（註：此資訊只能當參考，無法精準預測。）

名詞	說明
開價	房屋對外公開的廣告價。
成交價	最後買賣雙方真正簽約時的價格，且成交價可能包含4%的賣方仲介服務費（假設收齊賣方服務費）。
底價	屋主期待的成交價。
仲介服務費	房屋成交後，買賣雙方均須支付給仲介的服務費用，通常賣方的仲介服務費為房屋底價的4%。
實拿價	底價扣除賣方的仲介服務費（房屋底價的4%），因此賣方的實拿價約為房屋底價的96%。

因此可得知以下公式。

➡ **實拿價＝底價×0.96**

舉例來說，若底價為1,200萬，則屋主的實拿價計算如下。

➡ **實拿價＝1,200萬×0.96＝1,152萬**

另外，開價的計算公式如下。

➡ **開價≒底價×經驗參數，並且計算出數值後，再調整尾數。**

另外，因為每個屋主和每個區域都可能有不同的「經驗參數」，甚至有些物件的底價及開價會相同，所以此處的開價回推資訊，只適合作為輔助，不能拿來當作買方主要談價的唯一依據。

▦ 賣方開價的邏輯說明

買方在網路上看到的房屋廣告價，通常是屋主和仲介討論過後的公開販售價格，但這個價格是經過一系列的計算及討論決定，而非無所依據。

假設屋主不找仲介且自己賣屋可賣到1,000萬（以此價格當作實拿價），而若找了仲介賣屋，且維持1,000萬售出，並須付4%仲介服務費，就變成屋主的實拿價會減少，計算後如下。

➡ **底價×0.96＝實拿價**

➡ **1,000萬×0.96＝960萬**

若如此操作，普遍屋主可能不會願意，因為自己賣如果可以實拿1,000萬，在不急迫的情況下，就不一定會願意多付40萬找仲介賣屋，所以通常在房屋的定價策略上，仲介會跟屋主討論，確認屋主想要實拿多少金額，再將實拿價另外加上仲介服務費，以計算出房屋的底價。

例如：有位屋主想要賣屋且想實拿1,000萬，此時有兩個仲介（仲介A、仲介B）能幫屋主賣屋，且兩個房仲公司都是收4%服務費。

但仲介A會從屋主的1,000萬中扣除4%，也就是讓屋主實拿960萬；仲介B是讓屋主的實拿價1,000萬，額外再加上4%仲介服務費，成為新的房屋底價，計算方式如下。

➡ 實拿價 ÷0.96 ＝底價

➡ 1,000萬÷0.96 ＝ 1,042萬

對於屋主而言，未來如果用底價1,042萬順利成交，不僅實拿還是1,000萬，且還能享有仲介服務，此時屋主自然會選擇仲介B的協助服務。

不過，實務上不會用底價當廣告價（開價）賣屋，必須額外乘上一個經驗參數，並將尾數調整成華人賣屋的習慣數字，如此才是屋主和仲介討論後決定的開價。

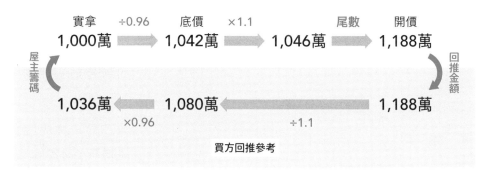

屋主開價思維

❶ 屋主開價思維

　　屋主實拿1,000萬 ➡ 可推算出底價＝1,000÷0.96 ＝ 1,042萬 ➡ 可推算出開價 ＝ 1,042萬×1.1 ＝ 1,146萬，加上尾數調整後 ＝ 1,188萬。

❷ 買方回推參考

　　買方在網路上看見一間開價1,188萬的房屋 ➡ 可推算出底價≒1,188萬÷1.1 ＝ 1,080萬 ➡ 可推算出實拿價≒1,080萬×0.96 ＝ 1,036萬。

　　但因屋主開價的尾數有調整過，所以不一定能夠回推的完全準確，且通常屋主的開價尾數調整盡量不會動到百萬位數的進位，不然買方在搜尋價格時，可能會不小心因為多進一個百萬位數，而不小心篩選掉屋主的物件。

因此，買方若能了解以上屋主如何訂價的過程，就可以從開價回推屋主可能的理想底價或實拿價格，並當作談價的參考資訊。

▨ 常見的賣方開價方法

若想透過屋主開價回推底價，首先須了解賣方常見的開價方法，詳細步驟說明如下表。

STEP 01 **計算底價**

底價＝實拿價÷0.96。

STEP 02 **計算房屋初步定價**

底價×1.1＝房屋初步定價。（註：1.1為常見的經驗參數，但不同地區的經驗參數可能會有差異。）

STEP 03 **調整末兩位數，為開價**

將初步定價的尾數（後兩位）調整成較吉利的數字，包含6、8或0。（註：因為會盡量讓買方無法直接推算到精準的底價，所以最後會再調整價格的尾數，且盡量不會動到百萬位數，以免屋主在賣時，被買方搜尋到的機會減少；但若底價跟開價太接近，還是建議可以提高價格，進位百萬位數，以免未來不好談價格。）

 購屋小知識 TIPS FOR BUYING A HOUSE

賣方開價方法的STEP1計算底價及STEP2計算房屋初步定價，可結合成以下公式。

➡ （實拿價÷0.96）×1.1＝房屋初步定價（並要記得調整尾數）

若以賣方希望實際拿到1,000萬為例，可透過上述計算方式，算出賣方可能的開價。

STEP 01 **計算底價**

1,000萬÷0.96＝約1,042萬。

STEP 02 **計算房屋初步定價**

1,042萬×1.1＝約1,146萬。

STEP 03 **調整末兩位數，為開價**

為避免買方直接推算屋主可能的底價，因此通常會再調整尾數，但也盡

量不要將百萬位數進位，不然可能會減少買方搜尋的機會。此處假設會將1,146萬的後兩位數字46，改成較吉利的88，因此可得出房屋開價可能為1,188萬。

▨ 從開價回推實拿價的方法

由於房屋開價的尾數調整沒有規律可循，因此推算屋主期望的實拿金額時，先忽略尾數調整的部分，並運用以下步驟進行計算。

STEP 01 計算底價

開價÷1.1≒底價。

STEP 02 計算實拿價

底價×0.96≒實拿價。

若以開價1,188萬為例，可透過上述計算方式，算出賣方可能希望實際拿到的價格。

STEP 01 計算底價

1,188萬÷1.1＝1,080萬。

STEP 02 計算實拿價

1,080萬×0.96＝1,036萬8千。

因此，買方若想出價，就可大概了解開價1,188萬的房屋，賣方最低可接受的價格，大約會是1,036萬左右。

但因為屋主在定價策略中，可能會調整尾數，甚至會預留一些降價空間，所以屋主真正實拿價可能是1,036萬以下，至於是到多少以下就不一定，畢竟每個屋主的期望值並不相同。

當然真實的底價也有可能1,036萬以上，原因是開價可能之前就已經有降過，但底價不一定有跟著降；或是屋主的開價跟底價比較接近，而並非用1.1的經驗參數做計算，雖然開價回推底價的方式不一定準確，但還是可以當作買方出價的參考數值，但實際上能夠將價格談到多少，也會依照屋主賣屋目標的急迫性及談價個性而定。

仲介資訊

　　為從仲介身上探索有關房屋價格的資訊，例如：屋主想賣多少？屋主和之前的買方談過多少價格，但沒成功？屋主可接受的斡旋金是多少？等。

　　另外，不論仲介說的價格是否為真，買方都可將仲介提供的價格，以及開價回推這兩個資訊，用來當作輔助推測或判斷其他三個談價資訊的價格數值，是否有出現落差太大的狀況，以當作檢查「參考」用。（註：因為屋主的開價，以及仲介回覆的房屋價格相關資訊，都是經過「深思熟慮」後的回答，因此肯定有規律性，故具有參考價值。）

行情判斷

　　為透過實價登錄的資訊判斷行情價，並以此為談價基準。而且買方可從行情判斷的過程中，了解成交價是否高於行情，而不小心買貴，或有沒有銀行可能估價估不到的問題等。

　　不過要留意，因為自己判斷的行情也有可能失準，所以需要和其他四個資訊交叉比對，以確認自己有沒有判斷錯誤的地方。

▨ 實價登錄

買方可到「內政部不動產交易實價查詢服務網」，透過選擇房屋所在的縣市、地區、社區名稱及成交時間等條件，搜尋到資料庫內所有符合搜尋條件的房屋每坪成交單價。

但對新手而言，在查詢到實價登錄的資訊後，可能仍易出現不知該如何比較行情價的狀況，因此以下將簡單示範如何使用及判讀「內政部不動產交易實價查詢服務網」上的資訊。

內政部不動產交易實價查詢服務網QRcode

▨ 查詢實價登錄的操作步驟

假設買方想了解「新北市板橋區的新巨蛋社區」的房屋買賣行情價，以便未來才能進一步知道該用多少價格向屋主出價及談價，則查詢實價登錄的步驟如下。

STEP

01

在Google Chrome的搜尋欄位中，輸入「內政部不動產交易實價查詢服務網」，並進行搜尋。

STEP

02

出現搜尋結果頁面，點擊「內政部不動產交易實價查詢服務網」。

STEP

03

進入網頁後，點擊「買賣查詢」。

STEP

04

選擇縣市、地區，以及輸入社區名稱。（註：此處以新北市板橋區的新巨蛋社區為例。）

STEP

05

選擇欲查詢的房屋交易時間。

（註：成交日期盡量不要選超過

一年以上，避免行情價格落差

太大。）

STEP

06

可點擊「搜尋」或「進階條件」。

❶ 點擊「搜尋」，跳至步驟8。

❷ 點擊「進階條件」，進入下

一步驟。

STEP

07
出現進階條件的視窗，可先❶輸入欲設定的搜尋條件，再❷點擊「搜尋」，以進
入下一步驟。

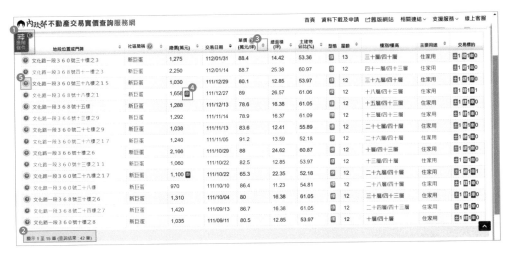

出現搜尋結果頁面，即完成初步的實價登錄資訊查詢，此時可先注意❶ ～ ❺的資訊。

❶ 為「進階條件」按鈕，點擊後會出現視窗，可在視窗中設定更詳細的篩選條件，以協助自己找尋適合的評估行情資訊。

❷ 為目前的搜尋結果共有幾筆資料，通常筆數越多，就會較好判斷該社區的行情區間；若筆數過少，甚至沒有資料，就會較難判斷行情價，若遇到此情況，可嘗試拉長搜尋的成交時間，或找附近類似的物件一起橫向比對。

❸ 為單價的欄位，點擊後，可使搜尋結果依照單價數值，從高到低或從低到高排列，以便判讀價格區間。

❹ 有「車」字的資料，代表該筆房屋買賣有包含車位，此時須注意該筆資料的單價究竟是否為有額外加上車位的價格，以免誤解該社區的行情。（註：詳細判斷方式請參考 P.169。）

❺ 若想了解成交房屋的詳細資訊，例如：車位坪數及價格、建物用途、主建物和陽台面積比例等，可點擊「＋」。

▨ 透過實價登錄判斷行情時的須知

在「內政部不動產交易實價查詢服務網」上查詢出房屋的行情資料後，不必急著細看每一筆資料，而是應先整理資訊，並留下有參考價值的數據，而整理資訊的方式如下。

❶ 排除極端數值

先將資料依照單價從低到高排列，或從高到低排列，並確認在最高單價與

最低單價的部分，是否有出現明顯與其他筆資料的單價差距過大的極端值。不管是單價太高或太低，只要數據不夠合理，就應視為特殊狀況，而不適合用來判斷行情區間，所以應將單價的極端數值排除。

STEP
01

進入實價登錄的搜尋結果頁後，點擊「單價」。

STEP
02

資料依照單價的數值，從高到低排列後，檢查最高價是否為極端值。（註：此範例的最高價並非極端值，所以不須先排除；但要能解釋及理解為何其可賣到95.5萬高價，若無法解讀，則當個案參考即可。）

STEP
03

再次點擊「單價」。

STEP
04

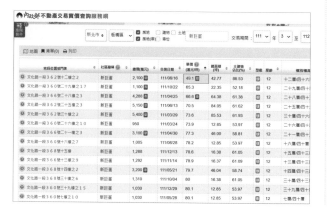

資料依照單價的數值，從低到高排列後，檢查最低價是否為極端值。（註：此範例的最低價明顯為極端值，因此須先排除，因為有些物件可能是二親等之間的買賣，所以價格會比一般行情還要低。）

STEP

05

點擊最低價資料的「⊕」。

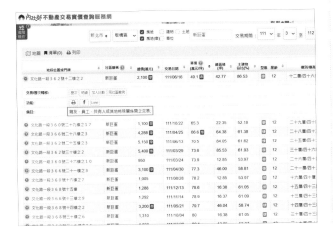

STEP

06

出現詳細資料，可看到此筆房屋買賣因為是熟人之間的交易，所以價格較低，不符合行情價，因此判斷行情區間前，須將此種資訊排除。

❷ 確認車位的價格是否有被額外算進房屋單價

在判斷帶車位的房屋單價時，須確認單價的數值是真正的房屋單價，還是有將車位也計算在內的單價？因為在判斷行情價時，是以不計算車位的單價為主。

至於分辨是否有包含車位價格的計算方法，就是先從網站上找出房屋總價、車位價格、車位坪數、總面積坪數的數字，再運用「扣除車位價格的房屋單價公式」重新驗算一次。而「扣除車位價格的房屋單價公式」如下。

➡ （房屋總價－車位價格）÷（房屋總坪數－車位坪數）＝真實房屋每坪單價

若用公式驗算出的數字和網站上的每坪單價數字相同，就代表網站上的單價為不含車位價格的真正房屋單價；若兩個數字有明顯落差，就代表網站上的單價可能有額外加上車位的價格，而非真正的房屋單價。

關於房屋總價、車位價格、車位坪數、總面積坪數等數字，分別在網站上的哪些位置，以下將進行說明。

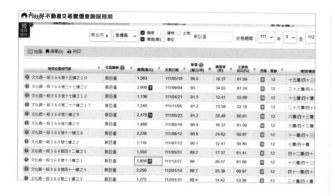

STEP

01

先找一筆有標示「車」的資料。

STEP

02

點擊步驟1資料的「➕」。

STEP

03

點擊「明細」。

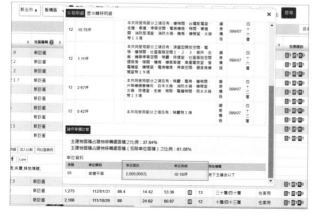

STEP

04

出現視窗,將視窗往下拉,
即可看見車位價格及面積。

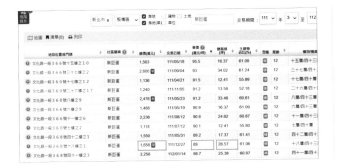

由上述步驟可得知，房屋總價為1,658萬、車位總價為200萬、房屋總坪數為26.57坪、車位坪數為10.19坪，且網站上的單價為89萬。將相關的數字帶入以下驗算的「扣除車位價格的房屋單價公式」。

➡ （房屋總價－車位價格）÷（房屋總坪數－車位坪數）＝真實房屋每坪單價

可得出以下算式。

➡ （1,658萬－ 200萬）÷（26.57 － 10.19）＝1,458萬÷16.38≒89萬

從上述計算出的價格和網站上標示的89萬相同，因此這筆資料是真實的房屋每坪單價，也就是一坪89萬可以當作實際參考數值。

在判斷行情價時，若不小心將車位價格和房屋價格混合計算，就容易使單價失準，進而導致判斷行情區間時，也判斷的更不精準。（註：在其他房屋網站上選屋時，也可用此方法檢視單價是否已將車位分算。）

❸ 開始正式排序單價及判斷行情

在排除極端數值，以及計算出正確的有車位房屋的單價後，就可將這些單價從高到低進行排序，並進一步判斷高單價的物件是不是因為樓層、坪數等屋況的緣故，才支撐起較高的價格？同時可判斷較低單價的同社區物件，為何單價會比較低？是因為成交日期比較久遠？還是有其他可解釋的相關原因？

若判斷行情時，有不清楚或是不確定如何解析的地方，建議可以詢問自己信任的仲介，以及請銀行先行估價來做確認。另外，若看完內政部的實價登錄資訊後，認為資訊不夠完整，還可以再參考其他網站整理的實價登錄資訊，並做交叉比對及確認。例如：樂居網、591房屋交易網，以及其他房仲公司網站裡的實價登錄統整資訊等，經過這樣橫向比對後，買方買貴或判斷錯價格的機率就會大幅下降。

銀行估價

為在談價前，先申請銀行估價，讓銀行對房屋進行估價，並以估價結果當作談價的籌碼。了解銀行估價結果，可協助自己降低買貴的風險，以及太晚發現無法順利通過房貸申請的風險，進而避免違約賠款的情況發生。

▨ 銀行估價須知

❶ 建議買方可以找自己認識的銀行，或房仲公司、代書介紹的銀行進行估價，因為完全不認識買方的銀行，可能會有估價產生誤差的風險。

❷ 估價時，買方可以同時找2、3家銀行同時進行，再做綜合評估，因為不同的銀行所估價出的範圍可能會有所不同。

❸ 要特別留意，有些較搶手的物件，可能無法等銀行估價後才出價談，因為銀行估價可能需要兩、三個工作天，但很好的房屋物件可能很快就會被付斡旋談價走，所以這部分需要個別評估，是否要等所有銀行估價完成才出價。不過，若有請銀行估價後，再進行出價，確實風險會比較低。

心中分數

房屋在買方自己心中的滿意分數，會決定自己加價的天花板價格，以及自己的第一口出價。

若在和賣方來回議價的過程中，房屋價格高於自己內心預期的最高上限金額（天花板價格），就不建議勉強出手購買。

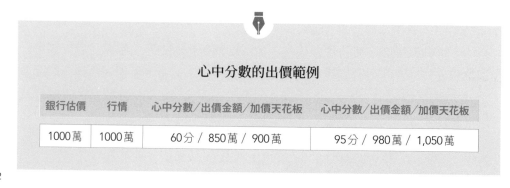

心中分數的出價範例

銀行估價	行情	心中分數／出價金額／加價天花板	心中分數／出價金額／加價天花板
1000萬	1000萬	60分 / 850萬 / 900萬	95分 / 980萬 / 1,050萬

由以上表格範例情況可知，銀行估價假設與行情價相同，會影響買方的第一口價，除了估價及行情資訊以外，影響最大的就是這間房屋在買方心中值得幾分？儘管該物件行情1,000萬，但如果買方沒有很喜歡這間房屋，買方的出價就可能背離行情許多，但並非為了撿便宜，而是打從心裡沒有很喜歡這個物件；但若心中分數假設是95分，代表買方很喜歡這間房屋，在出價時可能就會很接近行情，甚至超過行情，所以買方心中分數的高低，會影響自己第一口出價時的金額高低。

另外，須注意的是，有可能買方遇到心裡很喜歡的房屋，房屋在心中的分數可能超過90分以上，此時買方的最終加價可能會超過行情或銀行估價，不過此時買方要特別留意，自己的自備款及貸款是否能負擔。

其次，每間房屋的心中分數也會決定自己最後的「加價天花板」，如果房屋夠喜歡，且在買方能負擔的情況下，加價的天花板價格也會越高。

 ## 錨定效應

在談判的過程中，第一口價格非常重要，會影響整場談判的成交走向，出價如果太低，可能會打壞跟屋主的關係；出價如果太高，又會擔心買貴或沒有談到合理價格。

真正好的出價，除了可以更有效的談到合理價格以外，同時也可以蒐集屋主可能的賣屋成交區間，讓未來加價的策略找到明確的方向，才不會發生亂加價的問題。

因此，第一口價除了會影響整個談判的走勢，同時也是買方蒐集屋主籌碼資訊的方法之一，並且也許可以定位出成交價的區間，而經過多次來回議價，買方就能在找出成交區間後，逐漸縮小成交區間的範圍。

COLUMN 01

找出成交區間

第一次的賣方出價及買方出價之間的區間，就是房屋成交價所在的範圍，又稱為成交區間。因此，透過買賣雙方的出價，就可以將成交價錨定在特定範圍內

（成交區間），同時也找出買賣雙方可接受的成交價範圍。（註：成交區間為買賣雙方價格尚未產生交集的區間，若雙方價格有出現重疊，就會進入成交的階段。）

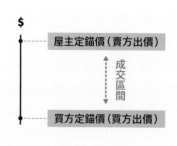

此為房屋買賣的成交區間示意圖。

COLUMN 02

縮小成交範圍

由於每次賣方的出價可能會逐漸減少，而買方的出價可能會逐漸增加，因此雙方來回談價時，就能逐漸縮小成交區間的範圍。若買賣雙方的出價相等時，就等於找到成交的價格。

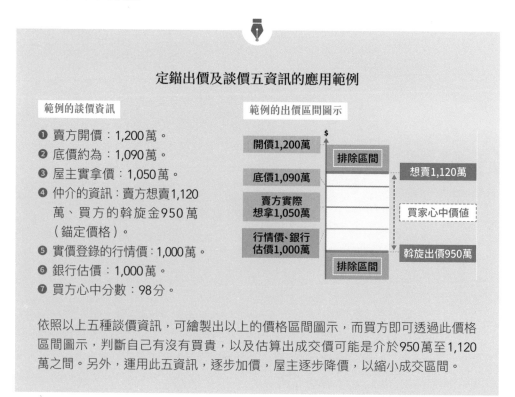

依照以上五種談價資訊，可繪製出以上的價格區間圖示，而買方即可透過此價格區間圖示，判斷自己有沒有買貴，以及估算出成交價可能是介於950萬至1,120萬之間。另外，運用此五資訊，逐步加價，屋主逐步降價，以縮小成交區間。

談判三心法

學會運用五種談價資訊後，等到出完第一口價，就會進入到真正的談判過程，雖然專業的房仲掌握許多談判的技巧，但新手購屋時，如果一味追求談判技巧，非常有可能談錯價格，甚至弄巧成拙，讓屋主不想賣屋。

因此新手購屋時，建議不須使用太多的談判技巧，也不用過多的心機算計，只要抓好以下三個核心談判心法即可，分別是：感覺、籌碼及目標。

談判三心法

感覺 (P.175)

為給予賣方足夠的尊重。

01

籌碼 (P.176)

為買方、仲介及賣方三者各自在談價時擁有的籌碼。

02

目標 (P.176)

為買方、仲介及賣方三者各自在談價時希望達到的目標。

03

COLUMN 01

感覺

有一句話說：「要處理問題，先處理心情。」有些買方會運用批評房屋的方式砍價，而易讓賣方有不開心的感受，導致即使未來自己願意加價，賣方也可能不願意成交，並因此錯過成交機會。

因此，要給予賣方足夠的尊重，並在相處時表現出友善良好的互動態度。因為先照顧好談判雙方的心情，才能建立有效溝通的橋梁。否則只要有一方內心不舒服，或對另一方有不良的第一印象，就很可能會增加談判及成交的難度。

籌碼

　　為買方、仲介及賣方三者各自在談價時擁有的籌碼。其中，買方的談價籌碼為可加價的幅度；賣方的談價籌碼為可降價的幅度；而仲介的談價籌碼為買賣雙方資訊不對稱所造成的「價差」技巧，以及被動式的降低服務費。（註：關於仲介的「資訊不對稱」技巧的詳細說明，請參考 P.153；關於仲介服務費的詳細說明，請參考 P.177。）

目標

　　為買方、仲介及賣方三者各自在談價時希望達到的目標。

❶ 買方的目標是在自己能負擔的價格及符合心中分數的加價上限範圍內，能夠順利買到自住的房屋，以及為何要買此房屋的動機，可能是為了成家、學區等需求。

❷ 賣方的目標就是賣方想賣掉房屋的主要目的，可能是為了籌自備款購買下一間房屋，或是有其他需要資金的地方，而決定賣房等。因為每個賣方的目標不同，所以需要買方在見面談時，透過聊天的方式進行詢問、探索。

❸ 仲介的目標是成功搓合買賣雙方，使談價能順利成交。

談判三心法的結論

　　照顧好買方、賣方及仲介的感覺，並維持三方良好的感受，盤點三方各自籌碼，並針對三方的成交目標來進談價，在適合時機放出籌碼加價，同時運用三方成交的目標，來合理且有溫度的進行議價，即可綜合運用談判三心法，完成理想議價，取得三方共識。

實務運用

在了解談價方法及談價過程後，在談價的實務上，有時可能會碰到「還差一點點」就能成交的情況，此時就適合討論服務費的調整，但是服務費的調整到底要在何時談？該怎麼談？服務費的組成是如何？

因此，須了解仲介服務費如何計算，以及房仲公司可能會主動降低收取服務費的情況是什麼。（註：關於服務費的被動式談法的詳細說明，請參考 P.179。）

服務費的計算方法

內政部民國八十九年發布的《不動產仲介經紀業報酬計收標準規定》第一條：「不動產經紀業或經紀人員經營仲介業務者，其向買賣或租賃之一方或雙方收取報酬之總額合計不得超過該不動產實際成交價金百分之六或一個半月之租金。」

因此，仲介向買方及賣方收取的服務費金額總和，不能超過房屋成交價的6%，而常見的服務費金額是向賣方收取1～4%，向買方收取1～2%。

對象	房屋成交價	成交價以外須支付的金額
賣方	支付成交價1～4%的金額。（註：此為賣方的服務費。）	×
仲介	收取賣方服務費：成交價中的1～4%。	收取買方服務費：成交價額外1～2%。
買方	×	支付成交價1～2%的金額。（註：此為買方服務費。）

若以賣方服務費4%、買方服務費1%、房屋成交價1,000萬為例，賣方實際拿到的金額是960萬、房仲公司能拿到40萬，而買方須另外支付10萬給房仲公司當作服務費，因此房仲公司共能拿到50萬的服務費。

||||||||||||||
COLUMN 01

仲介可能有兩位

　　促成一次房屋成交的仲介數量，有時是一位仲介同時服務賣方及買方，有時會有兩位仲介，一位負責服務賣方、另一位負責服務買方。其中，每位仲介所能得到的服務費計算方法如下。

➜ **服務費÷仲介人數＝每位仲介所能得到的業績**

　　以房屋成交價1,000萬為例，假設服務費共有50萬，且仲介共有兩位，此時每位仲介所獲得的業績計算方法如下。

➜ **50萬÷2＝25萬**

　　因此，每位仲介的業績是25萬；但若仲介只有一位，就可算50萬業績。（註：不過各家公司或不同的個案業績計算方式，還是可能有所差異。）

||||||||||||||
COLUMN 02

服務費不等於業績獎金

　　有些買方會以為仲介所賺的服務費等於實際收入，但其實服務費只是仲介為房仲公司賺到的收入，因此服務費大部分都是公司的收益，只有部分比例會成為仲介的個人業績獎金。

▨ 仲介的種類介紹

　　房屋仲介通常可分為普專仲介及高專仲介兩種。其中，普專仲介通常每月都有底薪，但每件成交案能抽成的業績獎金較低，有些約只有業績的7 ～ 8%左右。

　　而高專仲介沒有每月底薪，但每件成交案能抽成的業績獎金較高，約為業績的30 ～ 50%不等，但高抽成不代表高收入，因為仲介要能夠每月成交其實不是容易的事，甚至有些仲介可能一季或半年才成交一件案子。

假設房屋成交價為1,000萬，且共有兩位仲介（一位普專仲介、一位高專仲介），則業績獎金計算如下。

仲介種類 金額計算	普專仲介	高專仲介
成交價	1,000萬	1,000萬
服務費	50萬	50萬
總業績	50萬	50萬
一位仲介的業績	25萬	25萬
業績獎金率	8%	50%
一位仲介的業績獎金	2萬	12.5萬

服務費的被動式談法

如果仲介服務不錯，通常不建議談服務費折扣，因為每一段服務都是有價值的，除非該仲介服務不好，或是服務過程中有損害到客戶權益，此時談服務費折扣才較合理；但在一般情況下，如果仲介幫自己找到適合的房屋，並且用合理的金額成交，則該付的仲介費還是要付。

但有一種可能不得已會談到服務費的常見狀況，就是在見面談價中，若賣方及買方的價格已相當接近，但雙方都無法再加價及降價時，則仲介及房仲公司會個案判斷，如果少收服務費，並且三方各退一步，買方加一點，賣方降一點，房仲公司少收一點，可能就有機會成交的話，就有可能會談服務會，而這種非主動談服務費的方式就稱為「被動式談法」。

因為此種談判服務費的方法不是由買方或賣方主動提議，而是被動等仲介提供的方案，所以稱為「被動式」談法。

另外，若能在能力範圍內且以合理的價格成交，就不會運用到此方法，多半都是買方加無可加，賣方降無可降的情況下，依仲介個案判斷評估，才會再討論是否有機會三方各退一步。

可以在一開始請仲介找房時，就和仲介談服務費嗎？

非常不建議一開始就跟仲介談服務費，因為這會讓仲介不想服務這種買方或賣方，若真正要談服務費，比較建議在「見面談」時討論。

畢竟太早談服務費，只會讓仲介和其同事不想要幫客戶買賣房屋，如此案件會很難賣，而且就算不收服務費，沒有買方出到價格，或是屋主不願意降價，也不會成交，所以服務費是否要談，會建議在見面談後，若買賣雙方真的無法調整新價格時，再來討論。

COLUMN 01

被動式談法範例

	買方	賣方
原本的出價極限	至多980萬。	至少1,020萬。
仲介分別向買方及賣方提出的條件	若成交價1,000萬，就不用另外支付1%的服務費。	若成交價1,000萬，就少收1%服務費（假設是從4%改成3%）。
買賣雙方的實際支出或實拿金額變化計算	若980萬成交，加上1%服務費，原本的實際支出為989.8萬。 若同意仲介提議1,000萬成交的條件，就等於只須再多繳約10.2萬（1,000萬－989.8萬＝10.2萬），就能成功買到房屋。	若1,020萬成交，原本的實拿金額為979.2萬。 若同意仲介提議1,000萬成交的條件，就等於少拿約9.2萬（1,000萬×0.97＝實拿970萬，979.2－970=9.2萬），就能成功將房屋賣出。
若仲介條件被接受，買賣雙方須支付的服務費金額	無須支付。	30萬。

此範例的被動式談法，由於仲介的提議讓買賣雙方所須支付的成本大約都是10萬，對雙方都公平，因此能提高成交機會。

購屋簽約須知

THINGS TO KNOW WHEN SIGNING A CONTRACT TO BUY A HOUSE

ARTICLE

01

購屋簽約須知

簽約前須知

　　買方、賣方、仲介三方見面談價成功後，就會馬上進行簽約，而房屋買賣的流程中，除了如何選屋及談價格外，最重要的就是不要讓自己辛苦存下來的自備款，莫名其妙的被騙走或因為違約被罰掉。為了避免這樣的情況，買方須在簽約前，先了解房屋買賣中常見的詐騙手法、違約陷阱，以及學習讀懂買賣合約中的重要條款。

常見的詐騙手法 (P.182)

包含賣屋被詐騙及買屋被詐騙，且多發生於賣方自售或買方自行找屋主購屋時。

簽約前須知

常見的違約狀況 (P.188)

包含交屋期限太短、沒有事前先確認屋況資訊導致貸款成數不足等。

重要條款 (P.189)

包含房屋地址、成交價格、賣方的瑕疵擔保責任、解約條款等。

 常見的詐騙手法

　　房屋買賣時常見的詐騙手法，包含屋主賣屋時被詐騙，以及買方買屋時被詐騙，以下將分別進行說明。

賣屋被詐騙

指賣方的房屋被假合約騙走、暗中被過戶,並成為詐騙集團進行非法貸款的抵押品,且詐騙集團取得貸款後就失聯。另外,此類詐騙大多發生於賣方自售房屋時。以下圖示為賣屋被詐騙的主要流程圖。

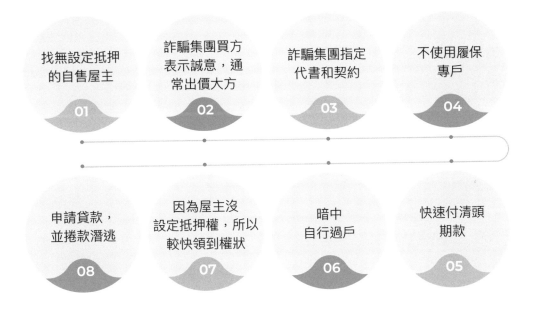

▨ 找無設定抵押的自售屋主

❶ **狀況說明**:若有將房屋設定抵押給提供房貸的銀行,當任何人想辦理房屋過戶,不會馬上領到新的權狀,而是要等到屋主從銀行領完清償證明,並到地政機關塗銷後,買方才會有新的權狀;但若屋主沒有設定抵押,詐騙集團就有較大機會暗中過戶,並領到新的權狀進行貸款。

購屋小知識 TIPS FOR BUYING A HOUSE

什麼是「無設定抵押」的房屋?

為已經償還完所有房貸,且跟銀行申請清償證明,並領取清償證明後,向地政機關辦理完「抵押權塗銷」登記的房屋。

❷ **如何避免被騙**：在還完銀行的房貸後，只要屋主不主動辦理「抵押權塗銷」登記，就能讓房屋一直處於被設定抵押給銀行的狀態，詐騙集團若想要進行買賣詐騙，也要等到屋主清償塗銷完，才能夠順利拿到新的權狀，所以此時詐騙集團進行詐騙的難度就會提升。

▤ 表示誠意，出價大方

❶ **狀況說明**：詐騙集團會找假買方表現出誠意，並大方出價，讓賣方覺得難得碰到誠意的好買方，以降低賣方的戒心。

❷ **如何避免被騙**：若賣方遇到出價超過市場行情的買方，或是買方過於有誠意時，應多留意是否有問題。

▤ 詐騙集團指定代書和契約

❶ **狀況說明**：詐騙集團要求屋主簽約時，只能使用詐騙集團配合指定的代書，以及使用詐騙集團提供的合約書，目的是為了讓詐騙集團找來的代書參與詐騙過程，並讓代書給予屋主錯誤的引導資訊。

❷ **如何避免被騙**：屋主自己找專業代書協助處理簽約至交屋的重要事項，就能讓代書把關售屋流程及合約書內容。（註：簽約時，買賣雙方可各自找一位代書協助，以「雙代書」的方式進行交易，可使買賣過程更有保障，只是雙方須先討論清楚如何負擔代書費。）

▤ 不使用履保專戶

❶ **狀況說明**：詐騙集團會以省錢為由，慫恿屋主不要使用「履約保證專戶」（又稱為「履保」或「履保專戶」，參考 P.185）。

❷ **如何避免被騙**：堅持交易過程一定要使用「履約保證專戶」，這非常重要，並將此要求寫入合約書中，而且只要找專業代書協助，代書一定會建議使用履約保證專戶，因為若不使用「履保專戶」，就沒有第三方能協助房屋買賣合約能確實被履行，且即使當買賣其中一方對交易過程有疑慮時，也無法控制金流。

另外，跟銀行申請房貸時，銀行都會看房屋買賣的成交案件有沒有使用履保專戶，如果沒有使用，有些銀行不一定能夠受理此案件的房貸申請，或

是可能會影響房貸的審核條件，因為對銀行來說，沒有履保專戶的成交案件風險較大，所以買賣房屋成交時，請務必使用履保專戶。

什麼是「履約保證專戶（履保專戶）」？

為由第三方保證買賣雙方都會履行合約的帳戶，就是讓買方先將購屋款匯入此帳戶，並由第三方保管，唯有買賣房屋必要用到的稅費需要提出款項外，買賣雙方都無法直接提出款項，而是必須經過另一方同意，且提出的金額會有上限；通常要等到買賣雙方順利交屋後，賣方才能從此帳戶提領交易款項。

快速付清頭期款

❶ **狀況說明**：詐騙集團可能會先快速付清頭期款，讓賣方順利取得款項後，就降低戒心。

❷ **如何避免被騙**：一定要使用履保專戶，讓第三方監督金流安全，儘管如此會讓賣方較晚取得賣屋的款項，但較不易被詐騙成功，可避免因小失大。

暗中自行過戶

❶ **狀況說明**：詐騙集團可能會欺騙屋主「須先過戶給買方，買方才能向銀行申請房貸」，而慫恿屋主在還沒收齊完稅款項時，就將房屋過戶給假買方，導致房屋被騙走。

❷ **如何避免被騙**：實際上買方只要有合約書，以及提供相關資料，就可以跟銀行申請房貸，並不需要提供過戶的證明文件。

申請貸款，並捲款潛逃

❶ **狀況說明**：詐騙集團以騙來的房屋申請貸款，並在取得資金後就潛逃，即完成詐騙，且由於假買方不一定會申請金融機構的購屋貸款，因為流程繁瑣且較嚴格，所以可能會找民間貸款申請房貸，因此屋主通常是在發現沒收到買方後續的款項後，才驚覺受騙。

❷ **如何避免被騙**：只要賣方了解房貸申請流程，並使用履保專戶，以及找信任的專業代書協助簽約到交屋的流程，就不必太煩惱後續房屋被詐騙的問題。

買屋被詐騙

　　指買方被假合約騙走頭期款的詐騙方式，通常此類詐騙案件的詐騙集團可能會以相同的假房屋合約，以及用同一間房屋，同時欺騙多名買方的自備款。另外，此類詐騙大多發生於買方沒透過仲介或信任的仲介公司，而是自己找賣方看屋、購屋時。以下為買屋被詐騙的主要流程圖。

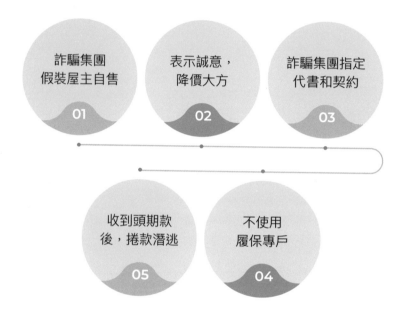

▨ 假裝屋主自售

　❶ **狀況說明**：詐騙集團可能會同時找多名買方看同一間房屋，並偽裝成自售屋主。

　❷ **如何避免被騙**：若是透過仲介進行房屋買賣，就能讓仲介把關整體流程。
　（註：若買方與自售屋主自行交易，就會出現只能靠自己把關交易過程的問題。）

▨ 表示誠意，降價大方

　❶ **狀況說明**：詐騙集團會向買方表示誠意，並願意大方降價，以激起買方的購買欲。

　❷ **如何避免被騙**：若買方遇到賣方願意以低於行情的房價售屋時，或是賣方過度有誠意時，就須留意是否有問題。

▦ 詐騙集團指定代書和契約

❶ **狀況說明**：詐騙集團要求買方簽約時，只使用詐騙集團配合指定的代書，以及使用詐騙集團提供的合約書，目的是為了讓詐騙集團找來的代書參與詐騙過程，並讓代書給予買方錯誤的引導資訊，同時讓買方簽下假合約書。

❷ **如何避免被騙**：買方自己找專業代書協助處理簽約至交屋的重要事項，就能讓代書把關售屋流程及合約書內容，同時可下載內政部提供的「成屋買賣契約書範本」，查看賣方提供的合約內容是否合理。（註：簽約時，買賣雙方可各自找一位代書協助，以「雙代書」的方式進行交易，可使買賣過程更有保障，只是雙方須先討論清楚如何負擔代書費；關於成屋買賣契約書範本的詳細說明，請參考 P.189。）

▦ 不使用履保專戶

❶ **狀況說明**：詐騙集團會以省錢為由，慫恿買方不要使用「履約保證專戶」，目的是讓買方將頭期款直接匯入賣方的帳戶，導致後續發生糾紛時，買方難以取回自己的匯款。（註：關於履約保證專戶的詳細說明，請參考 P.185。）

❷ **如何避免被騙**：堅持交易過程一定要使用履約保證專戶，這非常重要，且此要求應寫入合約書中。

另外，只要找專業代書協助，代書一定會建議使用履約保證專戶，因為若不使用「履保專戶」，就沒有第三方能協助房屋買賣合約能確實被履行，且即使當買賣其中一方對交易過程有疑慮時，也無法控制金流。

▦ 收到頭期款後，捲款潛逃

❶ **狀況說明**：當詐騙集團收到買方匯入的頭期款後，就可能會捲款潛逃，而買方遲遲等不到房屋過戶時，才可能會驚覺受騙，但通常因簽約款（頭期款）支付的期限短，此時大部分買方都已將第一筆款項匯入詐騙集團的帳戶，而出現財物損失。

❷ **如何避免被騙**：一定要使用履保專戶，讓第三方監督金流安全，即使遇到詐騙，也能較順利取回自己的匯款。

常見的違約狀況

　　房屋買賣簽約後常見的違約狀況，包含買方反悔購買，以及交屋流程因故延遲，以下將分別進行說明。不過，無論是何種違約狀況，都須由違約的一方繳納罰款給另一方。

COLUMN 01

反悔購買

◾ 常見原因

　　導致買方反悔購買的常見原因，包含：申請房屋貸款時遭到婉拒、能貸款到的成數比預期低，而支付不起購屋款項，以及覺得自己買貴，或家人反對等。

◾ 違約金額

　　違約罰款的金額通常為總房價的15%（罰款金額依合約書內容而定），因此建議在購屋時，若有可能碰上違約的情況，寧願不成交，也不要違約。

◾ 建議

　　若是因為房貸遭拒導致可能違約，建議以其他方式籌措足夠資金，例如：保單借款（參考P.57）、借車貸、借信貸、借民間貸款、向親友借款等。其中比較建議優先選擇保單借款，因為保單借款不屬於聯徵紀錄上的負債；而若選擇申請信貸填補不足的自備款，就要跟申請房貸的銀行確認，是否會影響房貸審核。

　　因為若違約，不僅無法擁有房屋，還可能使多年來辛苦存下的自備款變成違約罰款，所以不如先借款買下房屋，日後再想辦法分期攤還負債，或再賣屋還款。

　　因此，建議買方在簽約前，可善用先請銀行估價（參考P.172）、問5找3送2備1（參考P.64），以及押無條件解約條款（參考P.157）等方式，檢視自己是否可能會遇到貸不夠款項的風險。

交屋流程延遲

▨ 常見原因

　　導致交屋流程延遲的常見原因，包含：金融機構審核房貸的流程尚未結束；在驗屋時才發現房屋有瑕疵須修繕，因此需要更多時間才能修好並交屋；或是原訂的交屋時間期限太短所導致。

▨ 違約金額

　　如果延遲責任可歸責於買方，則流程延遲違的約罰款金額為每延遲一天，就須罰款已付全部價金總額的0.02%（具體罰款金額視合約書而定）。

▨ 建議

　　無論是哪一種原因導致交屋流程可能延遲，都建議買賣雙方共同協商，討論出彼此都能接受的延期期限，並簽下延期交屋的協議書，如此就能避免須繳交違約罰款的問題。

重要條款

成屋買賣契約書範本下載頁面QRcode

　　房屋買賣簽約時，須使用內政部提供的「成屋買賣契約書範本」進行簽約，且契約內容共包含：買賣標的；買賣價款；付款約定；原設定抵押權之處理；貸款處理之一；貸款處理之二；所有權移轉；稅費負擔之約定；交屋；賣方之瑕疵擔保責任；違約之處罰；通知送達及寄送；合意管轄法院；契約及其相關附件效力；未盡事宜之處置等契約中的協議條款；買方及賣方的簽名處（名字、身分證號碼、地址、電話）；地政士、不動產經紀業、不動產經紀人等資料；建物現況確認書、承受原貸款確認書、以第三人為登記名義人書、按優惠稅率核課土地增值稅確認書等附件；以及成屋買賣契約書範本簽約注意事項。

　　而買方簽下成屋買賣契約書時，須注意合約書中的以下重要條款。

買賣標的

　　成屋買賣契約書的第一條就是「買賣標的」，此處須注意 ❶ 土地的位置、 ❷ 房屋的地址、 ❸ 建築物的面積、 ❹ 買賣是否包含停車位，以及 ❺ 是否附有建物現況確認書可供查閱等。

立契約書人 買方＿＿ 茲為下列成屋買賣事宜，雙方同意簽訂本契約，協議條款如下
　　賣方

第一條　買賣標的
　❶成屋標示及權利範圍：已登記者應以登記簿登載之面積為準。
　一、土地標示：
　　　土地坐落__縣（市）__鄉（鎮、市、區）__段__小段__地號等__筆土地，面積
　　　__平方公尺（__坪），權利範圍__，使用分區為都市計畫內__區（或非都市土地
　❷使用編定為__區__用地）。
　二、建物標示：
　　（一）建號__。
　　（二）門牌__鄉（鎮、市、區）__街（路）__段__巷__弄__號__樓。
　　（三）建物坐落__段__小段__地號，❸面積__層__平方公尺__層__平方公尺__層__平方
　　　　　公尺其他__平方公尺共計__平方公尺，權利範圍__，用途__。
　　（四）附屬建物用途__面積__平方公尺。
　　（五）共有部分建號__，共有持分面積__平方公尺，權利範圍__。
　三、本買賣❹停車位（如無則免填）：
　　（一）□法定停車位□自行增設停車位□獎勵增設停車位□其他。
　　（二）地上（下）第__層□平面式停車位□機械式停車位，總停車位__個。
　　（三）□有獨立權狀面積__平方公尺（__坪）□無獨立權狀，編號第__號車位__個。
　　　　　（如附圖所示或登記簿記載）
　❺本買賣範圍包括共有部分之持分面積在內，房屋現況除水電、門窗等固定設備
外，買賣雙方應於建物現況確認書互為確認（附件一），賣方於交屋時應維持原狀點
交，但點交時另有協議者，從其協議。

成屋買賣契約書中的買賣標的。

▨ 須注意的原因

　　若房屋地址錯誤，就可能產生房屋產權不明的問題；且合約書中的面積和房屋實際面積有可能不符，因此簽約時，須確認清楚謄本上的面積是否跟合約書上的面積一致。

買賣價款

　　成屋買賣契約書的第二條就是「買賣價款」，此處須注意 ❶ 買賣總價款是多少金額，以及 ❷ 其中建物價款和 ❸ 車位總價款分別是多少金額。

第二條　買賣價款
　　本❶買賣總價款為新臺幣__整。
　一、❷土地價款：新臺幣__元整
　二、❷建物價款：新臺幣__元整
　三、❸車位總價款：新臺幣__元整

成屋買賣契約書中的買賣價款。

■ 須注意的原因

須注意總價款金額是多少，因為此金額可能會影響房貸能借到的金額。（註：若成交價低於銀行估價，銀行會在計算可貸款總額時，以成交價當作房屋總價進行計算，而非以銀行估價的房屋總價計算。）

付款約定

成屋買賣契約書的第三條就是「付款約定」，此處須注意 ❶ 簽約款、❷ 完稅款、❸ 交屋款等款項分別是多少金額，以及 ❹、❺、❻ 分別須在什麼期限前支付，以免延遲支付而違約。

第三條　付款約定
❶買方應支付之各期價款，雙方同意依下列約定，於＿＿（地址：＿＿），交付賣方。
一、簽約款，新臺幣＿＿元，❹於簽訂本契約同時支付（本款項包括已收定金＿＿元）。
二、備證款，新臺幣＿＿元，於＿＿年＿＿月＿＿日，賣方備齊所有權移轉登記應備文件同時支付。
三、❷完稅款，新臺幣＿＿元，❺於土地增值稅、契稅稅單核下後，經＿＿通知日起＿＿日內支付；同時雙方應依約繳清稅款。
四、❸交屋款，新臺幣＿＿元
❻ □無貸款者，於辦妥所有權移轉登記後，經＿＿通知日起＿＿日內支付；同時點交本買賣標的。
　　□有貸款者，依第五條及第六條約定。
賣方收取前項價款時，應開立收訖價款之證明交買方收執。

成屋買賣契約書中的付款約定。

■ 須注意的原因

須注意各別款項的支付期限不要訂太短期，以免銀行房貸審核尚未結束時，就面臨須補交完稅款或交屋尾款的時間差問題。（註：關於交屋綜合流程的詳細說明，請參考 P.203。）

稅費負擔之約定

成屋買賣契約書的第八條就是「稅費負擔之約定」，此處須注意：在交屋前，所有的稅費、水電費等費用，都應由賣方負責繳納，因為在交屋完成前，買方還沒入住房屋，所以不須負擔使用上的費用。

第八條　稅費負擔之約定

本買賣標的物應繳納之稅費負擔約定如下：

一、地價稅、房屋稅、水電費、瓦斯費、管理費、公共基金等稅捐或費用，在土地、建物 交屋日前由賣方負責繳納 ，交屋日後由買方繳納；前開稅費以交屋日為準，按當年度日數比例負擔之。

二、辦理所有權移轉、抵押權設定登記時應納之稅費負擔：

（一）所有權買賣移轉

1、買方負擔：
　印花稅、契稅、登記規費及火災或其他保險費等。

2、賣方負擔：
　土地增值稅由賣方負擔。但有延遲申報而可歸責於買方之事由，其因而增加之土地增值稅部分由買方負擔。

3、其他：
　簽約前如有已公告徵收工程受益費應由賣方負責繳納。其有未到期之工程受益費□由買方繳納者，買方應出具續繳承諾書。□由賣方繳清。

（二）抵押權設定登記

抵押權設定登記規費由買方負擔。

三、辦理本買賣有關之手續費用：

（一）簽約費
□由買賣雙方各負擔新臺幣__元，並於簽約時付清。
□其他__。

（二）所有權移轉代辦費新臺幣__元
□由買方負擔。
□由賣方負擔。
□由雙方當事人平均負擔。

成屋買賣契約書中的稅費負擔之約定。

▨ 須注意的原因

若在交屋前，賣方就要求買方支付房屋相關的稅費，此時就能拿出合約書，確認買方及賣方各自需要負擔的稅費有哪些。

COLUMN 05

交屋

成屋買賣契約書的第九條就是「交屋」，此處須注意 ❶ 交屋的期限、 ❷ 交屋前賣方應搬遷完畢，以及 ❸ 若延遲交屋須支付多少罰款等。

第九條　交屋

本買賣標的物，應於 ❶ □尾款交付日□貸款撥付日□__年__月__日 由賣方於現場交付買方或登記名義人 ❷ 賣方應於約定交屋日前搬遷完畢 。交屋時，如有未搬離之物件，視同廢棄物處理，清理費用由賣方負擔。

因可歸責於賣方之事由，未依前項所定日期交付標的物者，買方得請求賣方自應交付日起至依約交付日止 ❸ 每日按已支付全部價款萬分之二單利計算之金額 賠償買方因此所受之損害。

本買賣標的物倘有使用執照(正本或影本)、使用現況之分管協議、規約、大樓管理辦法、停車位使用辦法、使用維護手冊等文件，賣方除應於訂約時將其情形告知買方外，並應於本買賣標的物交屋時一併交付予買方或其登記名義人，買方或其登記名義人應繼受其有關之權利義務。

賣方應於交屋前將原設籍於本買賣標的之戶籍、公司登記、營利事業登記、營業情形等全部遷離。倘未如期遷離致買方受有損害者，賣方負損害賠償責任。

成屋買賣契約書中的交屋。

▨ 須注意的原因

須注意交屋的期限不要距離簽約時間太近，否則可能會缺乏足夠跑完房貸申請流程及進行驗屋檢測的時間，而導致可能違約的危機。

通常視情況，簽約到交屋的時長可能有一到兩個月區間，與屋主的土地增值稅是否辦理自用、非自用有關，或其間是否有跨過農曆七月及過年等，以上因素都有可能會拉長交屋時間。

COLUMN 06

賣方之瑕疵擔保責任

成屋買賣契約書的第十條就是「賣方之瑕疵擔保責任」，此處須注意 ❶ 賣方應負擔的瑕疵擔保責任。（註：關於 ❷《民法》對於瑕疵擔保責任的定義的詳細說明，請參考 P.128。）

第十條　賣方之瑕疵擔保責任
　　賣方擔保本買賣標的物權利清楚，並無一物數賣、被他人占用或占用他人土地等情事，如有出租或出借、設定他項權利或債務糾紛等情事，賣方應予告知，並於完稅款交付日前負責理清。有關本標的物之 瑕疵擔保責任，悉依民法及其他有關法令規定辦理。

成屋買賣契約書中的賣方之瑕疵擔保責任。

▨ 須注意的原因

若買方在簽約時答應放棄對賣方的瑕疵擔保請求權，之後若發現房屋的瑕疵，會很難向賣方要求修繕或賠償，因此不建議輕易在合約書上寫「放棄瑕疵擔保責任的權益」。（註：關於瑕疵擔保責任的詳細說明，請參考 P.128。）

COLUMN 07

違約之處罰

成屋買賣契約書的第十一條就是「違約之處罰」，此處須注意無論是 ❶ 買方或 ❷ 賣方違約，都須支付的罰款金額規定，以及延遲交屋超過多少天後，分別可能喪失哪些權利。

例如：買方若超過一個月不付款，賣方寄存證信函後，再超過七天未付款，賣方就能解除契約，同時沒收買方已支付的款項當作違約金。

第十一條　違約之處罰

賣方違反第七條（所有權移轉）第一項或第二項、第九條（交屋）第一項前段約定時，買方得定相當期限催告賣方解決，逾期仍未解決者，買方得解除本契約。解約時賣方除應將買方已支付之房地價款並附加每日按萬分之二單利計算之金額，全部退還買方外，並應支付與已付房地價款同額之違約金；惟該違約金以不超過房地總價款百分之十五為限。買方不得另行請求損害賠償。

買方因賣方違反第九條（交屋）第一項前段約定而依本條前項約定解除契約者，除依前項約定請求損害賠償及違約金外，不得另依第九條第二項約定請求損害賠償。

買方逾期達五日仍未付清期款或所付之票據無法兌現時，買方應附加自應給付日起每日按萬分之二單利計算之遲延利息一併支付賣方，如逾期一個月不付期款或遲延利息，經賣方以存證信函或其他書面催告後，自送達之次日起算逾七日仍未支付者，賣方得解除契約並沒收已付價款充作違約金；惟所沒收之已付價款以不超過房地總價款百分之十五為限，賣方不得另行請求損害賠償。已過戶於買方或登記名義人名下之所有權及移交買方使用之不動產，買方應即無條件將標的物回復原狀並返還賣方。

賣方或買方有第一項或第三項可歸責之事由致本契約解除時，第八條所定一切稅費均由違約之一方負擔。

除第一項、第三項之事由應依本條約定辦理外，因本契約所生其他違約事由，依有關法令規定處理。

成屋買賣契約書中的違約之處罰。

◫ 須注意的原因

若買賣任一方有人違約，就須按照此處的規定，支付違約金給對方。

建物現況說明書

每份成屋買賣契約書的最後，都會有「建物現況說明書」的附件，可供買方查看房屋的詳細現況，而此部分通常都是由屋主委託仲介公司賣屋時，屋主自行填寫，以揭露房屋有無重大瑕疵或有無漏水、壁癌、違建等問題，所以買方須確實看過這部分的內容，以維護自身權益。

◫ 附屬設備

在建物現況說明書中，表格內第16項可確認此次購屋所包含的附屬設備有哪些物品，例如：電視、冰箱、洗衣機等。

| 16 | 下列附屬設備
□計入建物價款中，隨同建物移轉
□不計入建物價款中，由賣方無償贈與買方
□不計入建物價款中，由賣方搬離
附屬設備項目如下：
□電視__台□電視櫃__件□沙發__組□茶几__件□餐桌__張□餐桌椅__張□鞋櫃__件□窗簾__組□燈飾__件□冰箱__台□洗衣機__台□書櫃__件□床組(頭)__件□衣櫃__組□梳妝台__件□書桌椅__張□置物櫃__件□電話__具□保全設施__組□微波爐__台□洗碗機__台□冷氣__台□排油煙機__台□流理台__件□瓦斯爐__台□熱水器__台□天然瓦斯□其他__。 | |

建物現況說明書中的附屬設備。

▨ 須注意的原因

　　簽約後，屋主會留下哪些物品和帶走哪些物品，會依照合約書內容而定，但要注意的是，如果當初屋主說好要「送」給買方的東西，日後卻沒有送，買方並不能因此求償，因為贈送的東西並不計入在合約書價格中。（註：除非合約書上有明確標價，那些物品是用「賣」的給買方，才會有相關的賠償問題。）

02 簽約中須知

　　簽約前了解須注意的事項及如何避免被詐騙後,接下來要了解簽約中須注意的流程細節。而簽約中的須知事項,可分為簽約至交屋的流程、房貸申請至撥款的流程,以及分階段支付購屋價金的流程。其中,交屋流程及價金流程,以下將分別說明。

▨ 房貸流程

　　關於申請房貸的流程的詳細說明,請參考P.62。

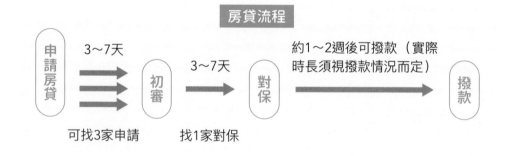

房貸流程

申請房貸　3～7天　初審　3～7天　對保　約1～2週後可撥款(實際時長須視撥款情況而定)　撥款

可找3家申請　　找1家對保

交屋流程

　　為簽約至交屋的流程,且流程中共分為簽約及用印、完稅、過戶、驗屋及交屋五個階段,以下將分別說明。

交屋流程

簽約到交屋時間約1～2個月

簽約 用印 ➡ 完稅 ➡ 過戶 ➡ 驗屋 ➡ 交屋

約3週後
完稅（依稅
單核定時間
而定）

約5天後過戶
（但確切過戶時間，
會依照各個案件
進度而定）

完稅到交屋時間約1～2週（實際時長須視驗屋情況而定）

簽約及用印

通常為買方、賣方見面談價成功當天，就可能會直接進行簽約，並在房屋買賣合約書上簽名及蓋印章的行為，且會有代書見證簽約過程，至於此階段須注意的事項，以下將分別說明。

▨ 寫清楚現況交屋的細節

若賣方希望在合約書中加註「現況交屋」，須寫清楚僅限哪些部分是現況交屋的範圍。（註：關於現況交屋的詳細說明，請參考 P.128。）

▨ 不輕易放棄瑕疵擔保責任請求權

建議買方不要輕易放棄自己能向賣方追究房屋瑕疵責任的權利。（註：關於瑕疵擔保責任的詳細說明，請參考 P.128。）

▨ 與賣方協商是否加入解約條款

❶ 買方若希望能在合約書中押解約條款，建議在出價或見面談時就先提出，讓賣方有心理準備；避免簽約時才提出解約條款的想法，因為此時已經沒有籌碼可以跟屋主談判。

❷ 常見的解約條款包含：房屋貸款若申請不足成交價的七成，就無條件解約並返回價金；若房屋被檢測出有重大瑕疵，例如：凶宅、海砂屋、輻射屋等，就無條件解約等。（註：關於重大瑕疵的詳細說明，請參考 P.132。）

▨ 確認交屋期限不要太短

通常從簽約到交屋的時間，約需一到兩個月。因此，若簽約時訂下的交屋期限太趕，容易發生流程延遲的違約，且若責任確實可歸責於買方時，就會導致自己被罰款。（註：通常合約書內會註記延遲交屋的相關罰責。）

▨ 使用履保專戶

可保障買賣雙方交易的安全。（註：關於履保專戶的詳細說明，請參考 P.185。）

COLUMN 02
完稅

為代書通知及確認買方、賣方同時支付完稅費的行為，其中買方是繳納契稅、印花稅，而賣方是繳納土地增值稅。完稅後，才可進行過戶，至於此階段須注意的事項，以下將分別說明。

▨ 買方應完成房貸申請並對保

在簽約及用印的當天，只要有了合約書和相關文件後，買方就可正式向銀行送審房貸，而到了完稅當天，買方最好應和金融機構完成對保。（註：關於對保的詳細說明，請參考 P.63；關於申請房貸的流程的詳細說明，請參考 P.62。）

▨ 簽約至完稅約需三週

通常從簽約到完稅，大約需要三週的時長，不過實際時長會因為每個案件需要的完稅時間不同而變化，有些案件的屋主，在土地增值稅上，可能會申請自用住宅的減免，則完稅時間就可能因此拉長到四週。

因此，建議買賣雙方依照代書的專業分析後，搭配買方需要找銀行的時間做綜合評估，再決定完稅的時間。

過戶

　　為將房屋的產權從賣方名下轉移到買方名下的流程，至於此階段須注意的事項，以下將分別說明。

▨ 完成房屋的產權移轉

　　會由代書協助申請過戶，過戶後，產權就會由賣方轉給買方。

▨ 須將房屋設定抵押給金融機構

　　跟銀行申請房貸時，會需要將房屋設定抵押給該銀行，才能夠順利進入房貸撥款流程。

▨ 完稅至過戶約需五天

　　通常從完稅到過戶，大約需要三到五天的時長，因此約定交屋日期時，代書也會將這幾天的時間納入整體流程作考量。

驗屋

　　為買方在正式點交房屋前，再次到房屋現場做檢查。此時屋主應該已經依照合約書的規定清空房屋，且買方可請專業驗屋公司協助驗屋，以確認屋況，以及確認是否還有自己原本不知道的瑕疵。

　　不過須留意，中古屋及預售屋的交屋、驗屋不完全相同，畢竟中古屋並非完全新屋，有些屋況可能不影響使用，屬於正常老舊，若要求屋主因此折價換新可能就太適合。

　　但若有些情況屬於「物之瑕疵」，就可以跟屋主討論，例如：門把無法正常使用，或窗戶無法開啟等，因此若是找驗屋公司進行中古屋的驗屋，通常屋主不一定會願意，這部分就需要雙方提前溝通。

若發現瑕疵，買賣雙方可協商延長交屋的期限，並討論如何處理瑕疵。（註：關於瑕疵的詳細說明，請參考 P.124；關於交屋流程延遲的詳細說明，請參考 P.189。）

另外，從簽約至交屋約須一到兩個月的時間，因此簽約時，建議將交屋期限約定在一到兩個月後，較不易因為特殊情況而導致延遲交屋並違約的情況發生。

COLUMN 05
交屋

為買方和賣方在仲介公司或代書事務所進行房屋點交的行為。當買方確認驗屋的屋況無誤後，買方即可請銀行進行房貸撥款至履約保證專戶，若賣方還有房貸，則銀行房貸部門會將賣方原房貸數字進行撥款代償。

等撥款數字確認無誤後，屋主會跟原本貸款銀行申請清償證明，並帶著清償證明到地政機關申請塗銷原本的設定抵押權，同時申請新的謄本。（註：關於設定抵押權的詳細說明，請參考 P.199。）

完成塗銷流程後，買賣雙方會約在仲介公司或代書事務所進行交屋流程，賣方將房屋鑰匙提供給買方，並確認結清水電費及稅款、尾款後，即完成房屋買賣的全部流程，而交屋完成後，其餘款項才會從履約保證專戶匯入屋主帳戶。

購屋小知識 TIPS FOR BUYING A HOUSE
驗屋、交屋、撥款三者的先後順序為何？

先驗屋、再撥款，最後交屋，因為買方須先確認屋況是否有其他瑕疵。若有瑕疵，還可延後交屋並處理屋況瑕疵；但若先撥款才驗屋，買方就沒籌碼能跟屋主談。（註：關於交屋流程的詳細說明，請參考 P.197。）

價金流程

為在交屋流程中，買方分批支付價金的流程，包含簽約款、完稅款及交屋款。不論是哪一筆款項，在合約書都會註明支付的期限，因此實際上應何時支付，須視簽訂的合約書內容而定。

價金流程

簽約款 ──約3週──→ 完稅款 ──約1～2週──→ 交屋款

簽約後3天內，支付一成價金

完稅前補足剩餘款項，即貸款以外的剩餘差額

由貸款銀行撥款完成

COLUMN 01

簽約款

通常在簽約後三天內（依合約書規範而定），買方須支付成交價的10%進入履約保證專戶，至於此時須注意的事項，以下將分別說明。（註：關於履約保證專戶的詳細說明，請參考 P.185。）

▨ 確認是否有贈與稅

若自備款是由家人提供，就須注意是否須繳納贈與稅。（註：關於贈與稅的詳細說明，請參考 P.42。）

▨ 資金不能由無血緣關係的第三人代替支付

❶ 買方將簽約款匯入履保專戶時，只能從買方自己或買方家人的帳戶匯入款項。

❷ 不能臨時從許多不同人的帳戶分別匯款到履保專戶，或臨時先統一匯款到買方帳戶才轉帳給履保專戶，以免被金融機構誤以為買方的帳戶是人頭帳戶。（註：若金融機構認定買方帳戶是人頭帳戶，就可能會影響貸款條件，甚至婉拒貸款申請。）

❸ 若買方有無血緣的第三人協助提供自備款，必須要能和金融機構合理說明原因，並看該金融機構能否接受買方提出的原因，這部分須特別留意。

完稅款

在交屋流程的完稅當天，買方須再支付成交價的10%進入履約保證專戶，且完稅款金額就是除了房貸以外的剩餘購屋款項金額。

例如：成交1,000萬的物件，原定房貸申請八成，一成簽約款、一成完稅款，可是房貸如果只有核貸七成，還差額的一成（100萬），就需要在支付完稅款時填補，所以原本完稅款只須準備100萬，但因為房貸審核沒有到八成，所以就須多準備100萬，來填補完稅款金額。另外，簽約款及完稅款的支付時間，約相距三週。

交屋款

驗屋完成後，金融機構會將剩下還沒支付的購屋款項，撥款至履保專戶；但若賣方原本還有房屋貸款，一部分就會撥款至賣方的房貸銀行進行代償。例如：撥款金額800萬，而賣方剩餘房貸300萬，則其中500萬會直接進入履約保證專戶，剩下的300萬就會匯入賣方專屬的房貸還款帳戶中，進行代償動作，而此筆撥款就是交屋款，至於此時須注意的事項，以下將分別說明。另外，完稅款及交屋款支付的時間，約相距一到兩週（依照雙方交屋流程時間而定）。

▨ 若驗屋有問題可延後撥款

買方有權利在驗屋沒問題後才撥款；若驗屋時發現瑕疵，就須協商如何處理，等處理完後再撥款，此時雙方須填寫一式三份的延後交屋協議書。

▨ 撥款時須照會

銀行人員撥款前，須打電話給借款人，確認借款人同意撥款後，才會撥款，而打電話確認意願的行為就稱為「照會」。須照會的原因是確認借款人的撥款意願，但若沒確認就撥款，房貸就會開始計算利息，並可能產生以下問題。

例如：買賣雙方臨時遇到屋況有問題或需要延後交屋時，若銀行沒打電話確認就撥款，如此不僅責任較難釐清，同時可能導致賣方拿到錢後，就不願意處理屋況瑕疵，甚至衍生其他法律問題。

ARTICLE

03

購屋簽約須知

實務運用

　　在了解常見詐騙手法及三種簽約相關的流程後，以下將分別說明簽約至交屋的綜合流程、購屋時買賣雙方各自須繳的稅，以及夫妻或情侶購屋時的房屋登記須知。

綜合流程

　　若將交屋流程、房貸流程及價金流程三者合併，即可了解所有階段在時間軸上的先後順序，詳細請參考以下的交屋綜合流程圖。

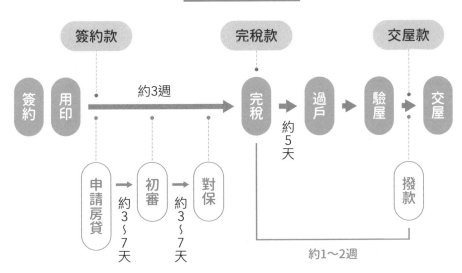

交屋綜合流程圖

另外，若想降低房屋買賣的風險，可在簽約的過程中，聘請兩位代書協助整個流程的進行。（註：關於雙代書的詳細說明，請參考 P.184。）

▨ 買賣及持有房屋時的稅費

關於買賣房屋及持有房屋所需繳交的稅費分別有哪些，請參考以下表格。

	買屋時	持有中	賣屋時
一次稅	・契稅 ・印花稅 ・登記規費		・土地增值稅 ・房地合一稅 ・財產交易所得稅
持續稅		・房屋稅 ・地價稅	

 購屋的稅

購屋的稅可分為買方及賣方須繳的稅，且房產轉移前及房產轉移後所須繳的稅不同。

買方購屋前，房產不屬於自己，所以買房時須繳交買房的「一次性」稅費；等到房產屬於自己後，自己就是屋主，此時須繳交持有房屋的「持續性」稅費；等到自己賣屋後，房產移轉給下個買方時，就須繳交賣方的「一次性」稅費，以下將分別進行說明。

稅費比較	房屋產權轉移前	房屋產權轉移後
買方的稅	契稅、印花稅、登記規費、其他成本，以上都是一次性支付的費用。	地價稅、房屋稅，以上都是交屋後，在持有期間須持續繳納的費用。

賣方的稅	❶ **持有期間須持續繳納的費用**：房屋稅、地價稅。 ❷ **一次性支付的費用**：土地增值稅、其他成本。	房地合一稅或財產交易所得稅，以上都是一次性支付的費用。

買方的稅

關於房屋產權移轉前、後，買方須交的稅費，以下將分別說明。

產權轉移前或後	稅的名稱	是一次性或持續性支付
房屋產權轉移前	契稅	一次性，在買屋時繳納。
	印花稅	一次性，在買屋時繳納。
	登記規費	一次性，在買屋時繳納。
	其他成本	一次性，在買屋時繳納。
房屋產權轉移後	地價稅	在持有期間須持續繳納。
	房屋稅	在持有期間須持續繳納。

▨ 契稅

❶ 契稅為房屋所有權轉移時，須按照契約上的房地總價，來繳納的建築物契約稅，且須由最後取得房屋的人支付。

❷ 房屋買賣的契稅金額為：房屋評定現值×6%，且房屋評定現值＝標準單價×（1－折舊年數×折舊率）×路段率×面積。

❸ 須在契約成立之日起三十天內，內向當地主管機關申報，並可由代書代為申報。

▨ 印花稅

❶ 印花稅為辦理過戶時，須在簽署的不動產買賣契約書（又稱為公契）上，依法黏貼的印花稅票金額。

❷ **印花稅的金額為**：契約書上的房地總價（公告現值＋房屋評定現值的總和）×0.1%。

▨ 登記規費

❶ 與房屋買賣相關的登記規費，可分為買賣登記費、設定登記費、書狀費等。

❷ 買賣登記費為到地政事務所過戶時，須繳納給政府的費用，金額為：（土地公告地價＋房屋評定現值）×0.1%。

❸ 設定登記費為有使用房貸的買方，在地政事務所辦理貸款抵押設定時，須繳納給政府的費用，金額為：（借款金額×1.2）×0.1%。（註：借貸金額越高，規費也就越高，甚至可能高達上萬元。）

❹ 書狀費為辦理房屋所有權移轉登記，且地政事務所提供給買方房屋權狀時，須支付的費用，金額為：一張權狀80元。

▨ 其他成本

包含房貸手續費、仲介服務費、代書費、住宅火險及地震險等。

❶ 買方和賣方合計的仲介服務費，不得超過房屋成交價的6%。（註：關於仲介服務費的詳細說明，請參考 P.177。）

❷ 代書費通常是依照服務項目收費，例如：「設定登記」算一筆費用、「申請財產所得」算另一筆費用等，實際具體收費方式須以專業代書的說法為主。

▨ 地價稅

❶ 地價稅為持有土地期間，每年都須繳納給政府的稅，且繳納時間為每年的11月1日至11月30日。

❷ 在8月31日當天，土地登記簿上所記載的土地所有權人，為須負責繳交地價稅的人。不過，繳稅時會以交屋日期為分界點，並由買賣雙方按照當年度持有時間的比例，分攤應繳的稅金。

❸ 地價稅額的計算公式為：課稅地價×稅率－累進差額＝地價稅額；而累進差額會根據各縣市的累進起點地價而有所不同。

④ 自用住宅的稅率為0.2%；一般地價稅率為1～5.5%。（註：若想使用自用住宅稅率，須符合本人、配偶或直系親屬辦理戶籍登記，且房屋沒有用於出租或營業。）

▨ 房屋稅

① 房屋稅為持有房屋期間，每年都須繳納給政府的稅，且繳納時間為每年的5月1日至5月31日。

② 房屋稅的計算方法為：房屋課稅現值×稅率＝稅額。

③ 不同種類房屋的稅率不同，而自用住宅的稅率為1.2%。（註：房屋可分為自用住宅、非自用住宅、營業用、非住家非營業用等不同類別，其中非自用住宅的稅率為1.2～3.6%；營業用的稅率為3～5%；非住家非營業用的稅率為1.5～2.5%。）

④ 繳稅時，會以交屋日期為分界點，並由買賣雙方按照當年度持有時間的比例，分攤應繳的稅金。

COLUMN 02

賣方的稅

關於房屋產權移轉前、後，賣方須交的稅，以下將分別說明。

產權轉移前或後	稅的名稱	是一次性或持續性支付
房屋產權轉移前	地價稅	在持有期間須持續繳納。
	房屋稅	在持有期間須持續繳納。
	土地增值稅	一次性，在賣屋時繳納。
	其他成本	一次性，在賣屋時繳納。
房屋產權轉移後	房地合一稅	一次性，在賣屋時繳納。
	財產交易所得稅	一次性，在賣屋時繳納。

▨ 地價稅

詳細說明請參考 P.206。

▨ 房屋稅

詳細說明請參考 P.207。

▨ 土地增值稅

❶ 土地增值稅為土地移轉時若有漲價，就須繳納的稅。

❷ 土地增值稅的一般稅率為20 ～ 40%；自用稅率為10%。

❸ 若想快速試算自己應繳多少土地增值稅，可至財務部稅務入口網的「土地增值稅試算」頁面，只要輸入土地公告現值、消費者物價指數等數值，就可進行估算。

財務部土地增值稅試算頁面
QRcode

▨ 其他成本

包含仲介服務費、代書費、履約保證費、雜支（交屋日前的瓦斯費、水電費）等。（註：關於仲介服務費的詳細說明，請參考 P.177。）

▨ 房地合一稅

❶ 在台灣地區，二〇一六年後取得的房地產若轉售後，就須繳納房地合一稅，而稅額的計算方法為：（成交價－取得成本－相關費用－土地漲價總數額）×稅率＝房地合一稅額。

❷ 房地合一稅的稅率依照持有時間的長短而不同，為15 ～ 45%。（註：持有兩年以內為45%；二到五年為35%；五到十年為20%；十年以上為15%。）

❸ 房地合一稅在某些特殊狀況的特殊稅率為10 ～ 20%。（註：若持有自住房地且設籍滿六年，稅率維持10%，但課稅所得400萬以下就免稅；若營利事業興建房屋完成後第一次移轉、個人及營利事業參與都更後第一次移轉、個人及營利事業非自願因素交易、個人及營利事業以自有土地與建商合建分回房地交易等情況，稅率維持20%。）

▨ 財產交易所得稅

請參考《所得稅法》第14條第1項第7類，以及同法施行細則第17條之2的規範。

《所得稅法》 第14條第1項 第7類	第七類：財產交易所得：凡財產及權利因交易而取得之所得： 一、財產或權利原為出價取得者，以交易時之成交價額，減除原始取得之成本，及因取得、改良及移轉該項資產而支付之一切費用後之餘額為所得額。 二、財產或權利原為繼承或贈與而取得者，以交易時之成交價額，減除繼承時或受贈與時該項財產或權利之時價及因取得、改良及移轉該項財產或權利而支付之一切費用後之餘額為所得額。 三、個人購買或取得股份有限公司之記名股票或記名公司債、各級政府發行之債券或銀行經政府核准發行之開發債券，持有滿一年以上者，於出售時，得僅以其交易所得之半數作為當年度所得，其餘半數免稅。
《所得稅法施行細則》 第17條之2	第17-2條 1.個人出售房屋，如能提出交易時之成交價額及成本費用之證明文件者，其財產交易所得之計算，依本法第十四條第一項第七類規定核實認定；其未申報或未能提出證明文件者，稽徵機關得依財政部核定標準核定之。 2.前項標準，由財政部各地區國稅局參照當年度實際經濟情況及房屋市場交易情形擬訂，報請財政部核定之。

購屋登記

　　在買房時，「房屋登記給誰？」是首購族可能會碰到的問題，到底要登記給收入比較高的一方？還是出錢比較多的一方？還是各持一半？或當夫妻或情侶一起購屋時，容易遇到「應該將房屋登記在誰的名下？」或「應該以哪種方式進行登記？」的疑問，其中最常見的登記方式為共同登記及預告登記，以下將進行說明。

比較說明	共同登記	預告登記
說明	男女雙方皆為房屋共同持有人。	將房屋登記在其中一人名下，且另一人做預告登記，就可對房屋的處分方式做出限制。
優點	若想對房屋進行處分，例如：售賣，須經過雙方同意。	即使擁有房屋所有權的一方想將房屋售賣，仍須經過另一方同意才能進行。
缺點	房貸條件須仔細確認，並建議由「人況」較好的一方申請房貸。（註：關於人況的詳細說明，請參考P.66。）	須再支付額外的代書費用。

不同的購屋登記方式，可解決夫妻或情侶間房產配置問題，例如：若情侶的男方在婚前買房送女方，只要運用預告登記，即使登記在女方名下，也無須擔心房屋被女方在未告知自己的情況下賣出。

▨ 購屋登記對未來購屋的影響

在決定由誰作為房屋登記名義人前，通常會一起考量：「誰要當房貸借款人？」房屋登記人雖然不一定非得是房貸的借款人，但必須是擔保物提供人，也可以理解為保人的意思，職業、收入、負債都會與借款人合併計算，所以通常會考量為由收入較高的一方作為借款人，同時也作為房屋持有人，不過還是建議依照各個家庭來做細節討論而定。

但最主要影響的，可能是「首購族」的房貸申請資格，各家銀行對於首購房貸方案的規定不太相同，但銀行普遍會依照借款人名下「有無購屋房貸」當作主要評估標準，因此借款人如果名下無購屋房貸，通常都有機會適用房貸首購條件。

不過，少部分銀行會將借款人「名下有無房產」當做評估標準之一，所以申請房貸前，請先跟銀行確認清楚。因此夫妻或情侶未來若有計畫購買第二間房屋，就須注意第一間房屋登記在誰名下，會影響下次房貸由誰申請，以及未來由誰購屋較有利。

夫妻登記			
條件	舉例1	舉例2	舉例3
自備款誰出？	先生	先生	先生
登記在誰名下？	先生	太太	共同
由申請房屋貸款？	先生	太太	先生或太太擇一
由誰擔任保人？	無須保人	無須保人	沒申請房貸的一方
未來再購房屋時，須由誰購買較有利？	太太	先生	沒申請房貸的一方
結論	因為太太名下沒有房產，也沒有房貸，所以由太太再次購屋最有利。	因為先生名下沒有房產，也沒有房貸，所以由先生再次購屋最有利。	由當下沒有房貸的一方購屋並申請房貸最有利。

情侶登記			
條件	舉例4	舉例5	舉例6
自備款誰出？	男方	男方	男方
登記在誰名下？	男方	女方	共同
由申請房屋貸款？	男方	女方	男方或女方擇一
由誰擔任保人？	無須保人	無須保人	沒申請房貸的一方
未來再購房屋時，須由誰購買較有利？	女方	男方	沒申請房貸的一方

情侶登記			
條件	舉例4	舉例5	舉例6
結論	因為女方名下沒有房產，也沒有房貸，所以由女方再次購屋最有利。	因為男方名下沒有房產，也沒有房貸，所以由男方再次購屋最有利。（註：但此情況須留意有無贈與稅的問題，關於贈與稅的詳細說明，請參考P.42。）	由當下沒有房貸的一方購屋並申請房貸最有利。

（註：以上假設夫妻及男女雙方都有穩定職業收入，且為信用良好的情況；倘若有其他貸款或是信用狀況，就需要進行個案評估。）

▨ 未來由誰購屋較有利的考量因素

通常配置房產時，如果沒有其他特別因素，會建議夫妻各一間，且互不為保人、互不共同持分，這樣配置起來，會比較單純。未來若有要購買第三、第四間房屋時，也比較有空間可以使用保人的方式進行。

但若一開始夫妻或情侶就互為保人，雖然保證人名下的保證債務不一定會影響下一間房貸的申請，但是銀行可能不喜歡保證債務筆數過多的情況，所以如果不考量其他因素，只考量未來穩定順利配置資產的情況，越是單一做登記人、借款人，未來就會有比較多彈性可以再進行其他的房產配置。

CHAPTER

6

APPENDIX

附錄

ARTICLE

01

附錄

0元購屋大解密

　　前面幾個章節已經分享了從看屋前、看屋中到看屋後的買房流程及相關細節，如果想要了解更多相關知識，我相當鼓勵大家可以多從不同管道吸收其他的自住購屋資訊，並交叉學習，以更有效統整自己學到的買房知識。

　　不過，有時大家會在生活中聽見有人宣稱能夠「0元購屋」，並以此說法號召有意願購屋的人一起參加講座、報名學習課程等。

　　但實際上，此方法並無法讓人「不花錢就買到房屋」，而是鼓勵買方透過高度槓桿的貸款方式籌措自備款，以及運用房屋出租的租金收入攤還有寬限期房貸。若想了解0元購屋的內容、風險及適用情況，請參考以下說明。

 ## 什麼是0元購屋？

　　在市面上關於「0元購屋」的常見說法，共包含以下四點。

❶ 買房不用存自備款。　　　　　❸ 不用自己繳房貸。

❷ 裝潢房屋不用錢。　　　　　　❹ 房屋轉賣一定賺錢。

　　但宣傳「0元購屋」觀念的人，通常不會向買方講解以上說法在實際操作時，可能存在的風險，因此以下將分別說明。

COLUMN 01

不用存自備款的操作手法及風險

　　在高房價的環境裡，買不起房屋已經是很多年輕人碰到的問題，儘管銀

行房貸利率近三十年來持續下修到 1 ～ 2%，但房屋總價卻是過往的翻倍以上，而房屋總價提高後，「如何籌到足夠的自備款」就是自住購屋首當其衝的問題，如果可以解決此問題，大概就克服了一半買不起房的問題。

因此，坊間有出現一些標榜「買房不用錢」或是「買房不用自備款」的廣告文宣。但如果真的不用錢，到底該怎麼買房？

▧ 不用存自備款的操作手法

主要是讓買方透過借貸的方式，來籌措購屋的頭期款，詳細說明請參考以下表格。

自備款來源的操作手法	說明
信貸	向金融機構申請信用貸款，作為頭期款。
建商貸款	若是購買預售屋，有些買方可向建商貸款，作為頭期款。
原屋融資	若買方本身已經有房屋，且該房屋沒有房貸，就可用原本的房屋向金融機構進行貸款，作為頭期款。（註：原屋融資的資金用途不能當作購屋使用，所以如果要將原屋融資貸的資金拿去做自備款使用，須多加留意。）
房屋增貸	若買方自己本身已經有房屋，且該房屋還有房貸尚未繳清，就可運用原有房屋向金融機構申請增加貸款，作為頭期款。（註：增貸的資金用途不能當作購屋使用，所以如果要拿增貸的資金拿去做自備款使用，須多加留意。）
簽訂違法的AB約	❶ AB約就是同時簽訂兩份合約，一份是真合約，一份是假合約，且故意將假合約中的房屋總價造假，填寫成比實際成交價更高的價格，並以假合約向金融機構申請貸款及用於實價登錄，如此就有機會違法借到較多金額。 ❷ 根據台灣地區的《刑法》第214條，簽訂AB約的買賣雙方都有刑責，且可能會被判處三年以下有期徒刑、拘役或一萬五千元以下罰金。

◾ 不用存自備款的風險

❶ 貸款負擔影響生活

當買方所有的購屋款項都是靠貸款籌措時，就須考量自己的收入是否足以負擔每月應還款的金額，且若買方無力償還貸款，房屋就可能被法拍。

建議買方申請貸款前，先自行計算月付比（參考P.218），若超過60～70%，就不一定適合馬上進行借款，因大部分銀行的月付比上限大概就是60～70%，金融機構評估房貸申請人的還款能力時，若月付比超過上數比例，通常審核通過的機率有限，所以建議申請前須先跟銀行諮詢、確認。

購屋小知識 TIPS FOR BUYING A HOUSE

什麼是「法拍屋」？

當屋主還不出房貸，銀行可向法院聲請將房屋查封拍賣，並將拍賣後所得的資金用來償還屋主欠下的債務，而因為此種方式被拍賣的房屋，就稱為法拍屋。

❷ 新增貸款會影響未來房貸申請

若自備款是借款人名下跟金融機構借來的，就可能影響到未來購屋房貸的申請，因為聯徵紀錄可能看得到借款人近期有一筆信貸或房屋增貸撥款，此時銀行就可能減少房貸放款成數，或因此婉拒房貸申請。

所以自備款最好能慢慢存出來，如果自備款是用貸款而來，有可能會影響日後房貸申請的結果，進而導致自備款不夠，而須面臨違約賠款的罰責。

COLUMN 02

裝潢不用錢的操作手法及風險

好不容易籌到自備款，並買了房屋後，總該要裝潢吧？如果自備款都不用自己存，裝潢費怎麼辦？到底是什麼樣的方式，讓買方能夠除了不用存自備款外，連裝潢費也不用錢？

◾ 裝潢不用錢的操作手法

主要是讓買方透過借貸的方式，取得裝潢所需的資金，詳細說明請參考以下表格。

裝修款來源的 操作手法	說明
裝修貸款	❶ 買方向金融機構申請購屋貸款時，可同時詢問能否額外申請裝修貸款來使用。 ❷ 通常裝修貸款，是在交屋後才會撥款給買方，因此買方無法使用此筆資金當作購屋的頭期款，且將裝修貸款的資金拿去買房，可能會造成資金用途不符的問題，和將增貸的資金拿去買房的概念類似，應盡量避免。 ❸ 有些金融機構須等買方提供裝潢廠商的估價單、裝潢合約書或收據後，才會撥款給買方，因此不是申請後就能立刻取得款項。
8＋1信貸	買方向金融機構申請購屋貸款時，可同時詢問是否能另外申請一成的信用貸款，以借到更多資金，當作裝潢費。（註：有些額外＋1的信貸是銀行將房屋當作擔保品，並提供買方特定年限的信貸，而此信貸與一般信貸條件可能會有差異。）
原屋融資	若買方本身已經有房屋，且該房屋沒有房貸，就可運用原有房屋向金融機構進行貸款，作為裝潢費。
房屋增貸	若買方本身已經有房屋，且該房屋還有房貸尚未繳清，就可運用原有房屋向金融機構申請增加貸款，作為裝潢費。

▨ 裝潢不用錢的風險

❶ 貸款負擔影響生活

此處的風險與透過貸款籌措頭期款的風險相同，都是借款人須留意自己是否有能力負擔每月還款金額。

假設有人運用0元購屋方案購買1,000萬的房屋，並因此借二十年房貸800萬、信貸200萬（當作頭期款），以及裝修貸款100萬，則可先計算共有多少負債。

➡ 800萬＋200萬＋100萬＝1,100萬

因此，可算出買方共有1,100萬的負債。另外，假設房貸及裝修貸款的利率為2%、信用貸款的利率為5%、寬限期一年，就能透過「房貸小幫手」APP計算並整理出下表。

0元購屋的借款狀況範例					
貸款項目	借款額度	利率	年限	寬限期間 （假設1年， 每月應還金額）	寬限1年結束後 的本利均攤 （每月應還金額）
房貸	800萬	2%	二十年	約1.3萬	約4.2萬
信貸（頭期款）	200萬	5%	七年	約0.8萬	約3.2萬
裝修貸款	100萬	2%	二十年	約0.2萬	約0.5萬
總額	1,100萬			約2.3萬	約7.9萬

依照以上範例，寬限期間每月須還款2.3萬、寬限期結束後每月須還款7.9萬。若要計算月付比，可使用下列公式。

➡ 每月應還款金額÷月收入金額＝月付比

假設月付比為60%、每月應還7.9萬，則可透過下列算式計算出每月收入至少須為多少錢。

➡ 7.9萬÷月收入金額＝60%

➡ 月收入金額＝7.9萬÷60%≒13.2萬

因此，買方若每月收入若低於13.2萬，月付比就會超過60%。而若買方以太高槓桿的方式買房，就需要非常謹慎，以免一稍有不注意，使資金鏈斷掉，就會不小心走向房屋被法拍的結局。

用「房貸小幫手」APP計算每月應還金額的步驟示範

假設房貸共800萬、還款年限二十年、利率2%、寬限期一年。

01

下載並安裝「房貸小幫手」後，點擊「房貸小幫手」。

02

進入介面，在「貸款金額」欄位輸入「800」。

03

在「貸款年期」欄位輸入「20」。

04

在「年利率」欄位輸入「2」。

05

在「寬限年期」點選「1」。

06

點選「立即試算」。

07

自動出現計算完成的頁面，可知寬限期間每月須繳13,333元（約1.3萬）、非寬限期每月須繳42,204（約4.2萬）。

而信用貸款、裝修貸款等每月應還金額的計算方式，也可使用以上步驟進行計算。

ℹ️‖‖‖‖‖‖‖‖‖‖‖‖‖‖‖
COLUMN 03

不用自己繳房貸的操作手法及風險

除了買房不用自己存自備款及裝修費外，總要繳房貸吧？為何有人說可以不用繳房貸？

▣ 不用自己繳房貸的操作手法

其實就是讓買方在申請房貸時，同時申請寬限期，以此降低每月須還款的金額，同時告訴買方將房屋出租並收取租金，只要租金收入大於房貸寬限期的還款支出，就能達到不用自己繳房貸，而是由房客來繳的目標。

▣ 不用自己繳房貸的風險

❶ 不一定能取得寬限期

並非所有金融機構或所有房屋物件都可以提供寬限期的條件，也不是每位申請寬限期的人都能通過核准，因為寬限期的申請，同樣要符合房貸三面向六關卡（參考 P.64）的認定。

❷ 不一定能展延寬限期

即使申請房貸時，有順利取得寬限期的條件，但若想延長寬限期，就須另外再向金融機構申請展延，且並非只要有申請就一定能通過。重新申請展延，就是要再跑一次房貸的三面向六關卡（參考 P.64）審核流程，且並非每次申請都能通過展延。

購屋小知識 TIPS FOR BUYING A HOUSE
什麼是「無限寬限期」？

以前的金融機構會允許買方多次展延寬限期的時間，使寬限期能夠無限延期，但現在金融機構幾乎不會核准無限展延寬限期的申請。

轉貸的寬限須知

即使是轉貸，轉貸銀行會看之前借款人的寬限期已經多久了，如果要轉貸申請寬限，核可的機率有限，因此現在想要使用「無限寬限期」條件，不是一件容易的事，須提前考量若無法順利展延寬限期時，自己是否有能力繼續以本利攤還款。

理財型房貸的寬限須知

另外，有些理財型房貸在一定的期間內，只要繳利息，不用繳本金，但通常利率較高，且會有其他額外規定，這部分需要買方自己多留意。

❸ 若買方期望以租金收入來還貸款，就須確保房屋能盡快成功出租，並使租

金收入穩定，因此房屋能否順利出租、房客願不願意續租、房客有沒有每月按時繳交租金等問題，都是買方須承擔的風險。

❹ 如果不方便自己花時間處理出租、帶看及管理等事項，就可能需要額外請專業的代租或代管業者協助，如此就會有額外的成本，而出租的現金流能否負擔全部的成本，就需要再幫自己細算看看。

COLUMN 04

房屋轉賣一定賺錢的操作手法及風險

說完以上三種吸睛的方式後，如果未來賣屋虧錢怎麼辦？因此市面上出現以下「宣稱房屋轉賣一定賺錢」的說法。

▦ 房屋轉賣一定賺錢的操作手法

有些人宣稱買方將房屋賣出後一定能賺錢的理由，包含：房價只會漲不會跌；房屋位於捷運沿線一定漲；大城市城口移入多，所以未來房價看漲；以及人們對房屋需求大，想賣就保證必能售出等。

但其實沒有人能保證未來會發生什麼事，而任何口頭的打包票都不具有強力的法律效力，因此不應輕易相信他人口中的保證，除非對方願意在合約書上寫下：「若未來賣屋時虧錢，由本人填補」的白紙黑字證據。

但通常對方不會願意在合約書上簽名，因為轉賣房屋本來都有相對應的賠錢風險，而如果想要快速買房的人一頭栽入「0元購屋」的途徑，買方就須幫自己完整審慎評估後，自行承擔風險。

▦ 房屋轉賣一定賺錢的風險

❶ 若想透過賣屋賺價差，就可能面臨售價沒漲、沒能在漲價時售出、無法長時間負擔持有成本等風險。

❷ 回顧台灣幾十年的房價觀察結果，整體房價確實持續看漲，但這不代表房價就不會下跌，也不代表自己未來因為不可控因素要用錢時，賣屋就一定發生在漲價時。例如：台灣地區的房價在SARS期間及金融海嘯時期，都曾發生房價年增率為負數的情況。（註：關於房價指數圖表，請參考P.34。）

0元購屋的適用情況

　　儘管0元購屋看似隱藏許多較少人注意到的風險，但此方法仍有它的適用對象或情況，例如：為了避免違約賠款，而臨時不得不借款，以籌措短少資金的買方。

COLUMN 01

為何有人需要0元購屋方案？

　　0元購屋方案適合需要購買自住房屋，但房貸審核沒到理想的額度，造成自備款不足的買方。因為這些買方需要另外借款湊齊短少的自備款，所以才不得不使用「0元購屋」此種拉高槓桿方式的操作手法，來想辦法避免違約。

COLUMN 02

如何避免自備款不足？

　　若想避免成為自備款不足而違約的買方，可參考以下三件事，包含：事先請銀行估價、押解約條款，以及運用「問5找3送2備1」的技巧。（註：關於避免違約賠款的方法的詳細說明，請參考 P.155；關於「問5找3送2備1」的詳細說明，請參考 P.64。）

　　不過，無論是否需要使用「0元購屋」方案，買方都應仔細評估自己的風險承擔能力，包含貸款的還款能力、違約的風險承受能力等，同時事先做足功課，透過閱讀不動產說明書（參考 P.127 和 P.136）、申請銀行估價（參考 P.172）、押解約條款（參考 P.157）等方式，盡可能保障自己的權益。

ARTICLE

02

附錄

常見的仲介話術

在帶買方看屋、請買方出價、協助買方談價時,很多買方會在意仲介可能會透過話術技巧,吸引買方選購或加價。不過在此要提醒大家,真的無法判斷話術的含意其實也沒有關係,重要的是能否找到適合自己住的房屋。

由於前面章節有提過如何以合理的價格出價、談價(參考 P.149),因此就算碰到話術也不必擔心,不過以下有整理常見的話術內容,可當作額外參考。

 ## 看屋時的話術

看屋時,不論仲介的話術有多吸引人,都不要忘記自己的購屋目標,這樣才能選出符合自己需求的房屋,而不會被話術帶偏看屋方向。

常見話術	含意說明
這間房屋的設計很巧妙,住起來有大空間的感覺。	房屋可能很小。
這個建案「離塵不離城」。	建案距離市區較遠。
室內的光照很充足。	可能有太陽西晒問題。
你買的是地段,而不是房屋。	房屋屋況可能不理想。
這條巷子很安靜,很適合居住。	可能房屋是無尾巷。
房屋周邊有雙捷運。	兩個捷運站都不近。
未來這附近會有多條捷運經過,生活機能會很好。	目前沒有捷運,且未來的條件能否實現可能也還不確定。

常見話術	含意說明
這間買了一定賺，因為已經在做交通及便利建設。	但未來如果沒漲價，也不關我的事。
這間房屋保證出租，投資穩穩賺。	但租不出去的話，與我無關。
現在房市很熱，這幾個月已經有好幾間成交了，要趕快決定！	可能是企圖塑造買方的緊張感，但也有可能是真的很熱門。
牆壁有壁癌還好啦！請師傅油漆一下就好了。	可能有漏水，或是其他瑕疵因素影響。
這間房屋的地點不錯，樓下就有賣吃的，生活機能很好。	但可能容易有蟑螂或是油煙味。

 ## 出價時的話術

　　仲介會催促買方出價斡旋是常態，但不須因此影響自己出價的意願，建議真的喜歡房屋再下斡旋，否則斡旋後如果想反悔成交，斡旋金會被當成違約金沒收。（註：關於斡旋談的詳細說明，請參考 P.150。）

常見話術	含意說明
屋主明天要出國，要不要趕在今天下斡旋，這樣我好幫你談。	但如果要付斡旋，屋主也有可能明天突然又不出國了。
已經有人下斡旋了，你要不要也出價看看？	塑造房屋很熱門、很搶手的感覺，希望藉此吸引買方下斡。
如果你喜歡這間房屋，可以先下斡旋談，因為買方現在很多，所以先下先贏。	嘗試刺激買方下斡旋的意願。
屋主很捨不得賣這間房屋，有想要留給子女住，如果有想要的話，要快點出價喔！	日後就算沒有賣出，也不確定屋主是否會給子女居住。
屋主開價跟同社區比，已經很實在了，你這價格，我不好意思跟他談。	仲介希望買方加價，且如果出價數字沒有太誇張，有談有機會，可以討論看看。

前面已經有人下比你高的斡旋，但對方沒成交，所以你一定要出高於對方的價格才有可能成功。	仲介卡價，目的是讓買方再加價談。但之前談到多少斡旋沒成交，可能不一定真的有這筆數字。
現在房價一直在漲，實價登錄已經不準了，以我數十年的經驗，至少要×××萬以上才有機會。	仲介卡價，目的是讓買方再加價談；且不管實價登錄準不準，銀行估價、買方出價及屋主售價依然可作為參考資訊。
現在屋主都底價當開價。	雖然部分屋主是底價當開價，但若屋主有確切的售屋動機，還是可以好好談價看看。
屋主不缺錢，是因為工作調動才賣房。	屋主價格很硬，但哪個屋主會告訴大家自己是因為缺錢才賣屋？因此談過才知道有沒有機會成交。
開價目前××××萬，屋主底價是〇〇〇萬。	底價不一定是真的，因此所有數字當參考就好，但只要能夠參考的數字都有其價值。
現在同時有很多買方在看屋，若再不出價，就沒辦法以第一順位跟屋主談了。	但有可能其他買方只是賞屋，而非準客戶；而一般買方很難判斷現場有哪些是準客戶，哪些並非真正的客戶，因此對仲介來說，塑造買氣以提升購屋衝動很重要。

 談價時的話術

在談價過程中，買方可以參考仲介給予的任何建議，但最終是否決定要加價，決定權還是在買方手上；而屋主調降價格也是一樣的情況，最終是否降價的決定權是在賣方手上。

常見話術	含意說明
下個月就要漲價了，你要不要這個月先買。	仲介希望買方快點下決定，而屋主雖然這樣跟仲介說要漲價，但如果有合意的價格，都還是有談價的機會。

常見話術	含意說明
維持原價格，但屋主說要扣掉冷氣、沙發、電視、冰箱、洗衣機等家具。	賣方可能正在變相再加價，但買方如果能接受也可以，或是買方可看看自己手中有哪些籌碼能再繼續談價。
屋主目前不開心了，另一個同事安撫中，就只差一點，可以再加價幫你努力看看嗎？	仲介在邀請買方加價繼續談，不過屋主有沒有生氣，通常也不會知道。
簽約總價×××萬的房屋，但其中有○○○萬必須付現，不走履保專戶。	可能是屋主想要違法避稅，但日後買方可能會有房地合一稅較高的問題，且此行為可能不合法，須留意及避免。
現在如果不買，未來房屋只會越來越貴。	但未來如果跌價，也與我無關。
屋主已經賣很便宜了，這個價格再加一點吧！	屋主是否真的賣較便宜，可從銀行估價及實價登錄查證。
現在不買的話，屋主可能會跟其他仲介公司的客戶成交。	無法確認到底有沒有其他仲介公司談，有可能不一定是真的。

ARTICLE
03

附錄

其他練習表分享

資金配置表（空白）

不論是採用333法則、523法則、6罐子理財法或631法則進行自己的理財配置，都可以善用此資產配置表進行計算。（註：關於常見的理財配置方法，請參考P.51。）

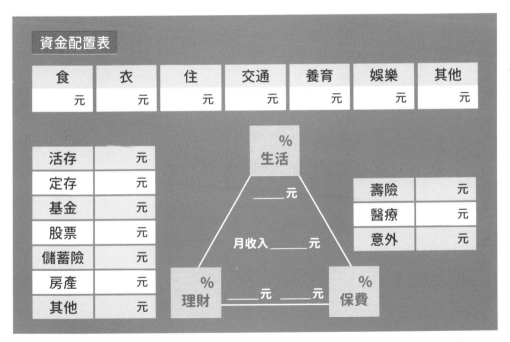

資金配置表

食	衣	住	交通	養育	娛樂	其他
元	元	元	元	元	元	元

		%　生活		壽險	元
活存	元				
定存	元	＿＿＿ 元		壽險	元
基金	元			醫療	元
股票	元			意外	元
儲蓄險	元	月收入 ＿＿＿ 元			
房產	元	%　理財 ＿＿＿ 元 ＿＿＿ 元 %　保費			
其他	元				

（註：資金配置表的說明，請參考P.228；資金配置表的填寫範例，請參考P.229。）

▨ 資金配置表的說明

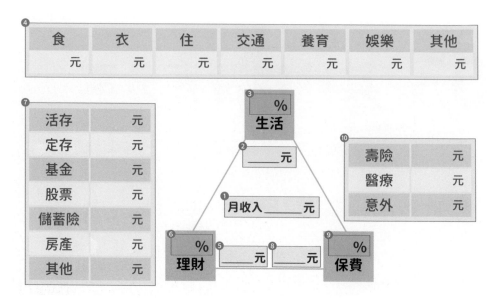

食	衣	住	交通	養育	娛樂	其他
元	元	元	元	元	元	元

❶ **月收入金額**：此處須填寫自己的月收入金額，且「月收入＝年收入（包含年終）÷12個月」。

❷ **生活支出金額**：此處須填寫自己一個月的生活支出總額，即 ❹ 的所有支出金額的總和。

❸ **生活支出占比**：此處須填寫「生活支出金額÷月收入金額」的百分比。

❹ **生活各項支出金額**：此處須填寫自己一個月在食、衣、住、行、交通、養育、娛樂、其他等項目的分別支出金額。

❺ **理財支出金額**：此處須填寫自己一個月的理財支出總額，即 ❼ 的所有支出金額的總和。

❻ **理財支出占比**：此處須填寫「理財支出金額÷月收入金額」的百分比。

❼ **理財各項支出金額**：此處須填寫自己一個月在活期定存、定期定存、基金、股票、儲蓄險、房地產、其他等項目的分別支出金額。

❽ **保費支出金額**：此處須填寫自己一個月的保費總額，即 ❿ 的所有支出金額的總和。

❾ **保費支出占比**：此處須填寫「保費支出金額÷月收入金額」的百分比。

❿ **保費各項支出金額**：此處須填寫自己一個月在壽險、醫療險、意外險或其他產物保險等各項保險費的分別支出金額。

資金配置表填寫範例

資金配置表

食	衣	住	交通	養育	娛樂	其他
10,000元	2,000元	8,000元	2,000元	0元	2,000元	0元

活存	5,000元		
定存	5,000元		
基金	0元		
股票	5,000元		
儲蓄險	5,000元		
房產	0元		
其他	0元		

48% 生活
2.4萬元

壽險	1,000元
醫療	3,000元
意外	2,000元

月收入 __5萬__ 元

40% 理財 __2萬__ 元 __0.6萬__ 元 **12% 保費**

自備款計算表（空白）

自備款項目	金額		
自己資產	活存：	定存：	其他：
投資贖回	基金：	股票：	其他：
家人贊助	父母：	配偶：	其他：
大約總數	總額：		

（註：自備款計算表的填寫範例，請參考 P.230。）

自備款計算表填寫範例

自備款項目	金額		
自己資產	活存：200萬	定存：100萬	其他：0萬
投資贖回	基金：50萬	股票：0萬	其他：50萬
家人贊助	父母：100萬	配偶：0萬	其他：0萬
大約總數	總額：500萬。（註：記得預留裝潢費用。）		

購屋前資金負擔計算表一（空白）

	職業	收入	理想房貸	自己適合負擔的房貸
工作是否滿六個月		年收入： （月收入：）	月付比60%可負擔的月付金：	能負擔的月付金：
是否有固定收入			最高可貸：	能負擔房貸：
是否有報稅				
是否有薪轉				

▦ 購屋前資金負擔計算表一的說明

	職業	收入	理想房貸	自己適合負擔的房貸
工作是否滿六個月		年收入： （月收入：）	月付比60%可負擔的月付金：	能負擔的月付金：
是否有固定收入			最高可貸：	能負擔房貸：
是否有報稅				
是否有薪轉				

❶   ❷

❶ **判斷自己的職業及收入**：透過工作是否滿六個月、是否有固定收入、是否有報稅及薪水轉帳紀錄，來判斷自己是否適合使用 ❷ 的快速算法；填寫時，若答案為「是」就填入「○」，若答案為「否」就填入「×」。（註：若有任何一項不符合，就不適用 ❷ 的快速算法。）

❷ **房貸金額的快速算法**：包含以「月付比60%」及「自己狀況適合的月付比%」，分別計算每月最多可負擔多少金額的還款，以及最高可負擔總貸款金額。

購屋前資金負擔計算表一填寫範例

	職業	收入	理想房貸（月付比60%）	自己適合負擔的房貸（假設月付比40%剛好個人能負擔）
工作是否滿六個月	○	年收入：60萬。（月收入：5萬）。	**月付比60%可負擔的月付金**：3萬（因為5萬×60％＝3萬）。	**能負擔的月付金**：2萬（因 為5萬×40％＝2萬）。
是否有固定收入	○		**最高可貸**： 計算公式如下。 （每月可負擔還款金額÷0.5萬）×100萬＝最高可借的總金額 若每月可負擔3萬，則計算公式如下。 （3萬÷0.5萬）×100萬＝600萬 因此，可知在月付比為60％時，最高可借貸600萬。	**能負擔房貸**： 計算公式如下。 每月可負擔還款金額÷0.5萬）×100萬＝最高可負擔借的總金額 若每月可負擔2萬，則計算公式如下。 （2萬÷0.5萬）×100萬＝400萬 因此，可知自己最高可負擔的400萬的貸款。
是否有報稅	○			

	職業	收入	理想房貸（月付比60%）	自己適合負擔的房貸（假設月付比40%剛好個人能負擔）
是否有薪轉	○			

（註：假設房貸以二十年還款年期、利率2%、無寬限期計算。）

 04 購屋前資金負擔計算表二（空白）

自備款計算	資產：
	投資贖回：
	家人資助：
	保單借貸：
	其他（變賣）：
	❶自備款總額：
房貸計算（人況）	年收入：
	月收入：
	月付比60%：
	❷最高可貸款金額：
最高可負擔的房屋總價	❶＋❷＝總價
其他相關費用	裝潢費：
	仲介費：
	其他費用：
	❸其他相關費用總額：
	❶＋❸＝買方須準備的總金額：

購屋前資金負擔計算表二填寫範例

自備款計算	資產：300萬
	投資贖回：100萬
	家人資助：100萬
	保單借貸：0萬
	其他（變賣）：0萬
	❶自備款總額：500萬
房貸計算（人況）	年收入：60萬
	月收入：5萬
	月付比60%：3萬
	❷最高可貸款金額：600萬
最高可負擔的房屋總價	❶自備款總額＋❷最高可貸款金額＝總價：500萬＋600萬＝1,100萬
其他相關費用	裝潢費：50萬
	仲介費：11萬
	其他費用：18萬
	❸其他相關費用總額：70萬
	❶自備款總額＋❸其他相關費用總額＝買方須準備的總金額：500萬＋70萬＝570萬

（註：關於購屋前資金配置的詳細說明，請參考P.43。）

從看屋、議價、簽約、貸款、驗屋等
SOP全揭密

零基礎也OK！無殼蝸牛必備購屋全書

書　　名　零基礎也OK！無殼蝸牛必備購屋
　　　　　全書：從看屋、議價、簽約、貸款、
　　　　　驗屋等SOP全揭密

作　　者　0.38

主　　編　譽緻國際美學企業社・莊旻嬪

助理編輯　譽緻國際美學企業社・許雅容

美　　編　譽緻國際美學企業社・羅光宇

封面設計　洪瑞伯（封面）、楊怡萱（封底）

發 行 人　程顯灝

總 編 輯　盧美娜

美術編輯　博威廣告

製作設計　國義傳播

發 行 部　侯莉莉

財 務 部　許麗娟

印　　務　許丁財

法律顧問　樸泰國際法律事務所許家華律師

出 版 者　四塊玉文創有限公司

總 代 理　三友圖書有限公司

地　　址　106台北市安和路2段213號9樓

電　　話　（02）2377-4155、（02）2377-1163

傳　　真　（02）2377-4355、（02）2377-1213

E - m a i l　service@sanyau.com.tw

郵政劃撥　05844889 三友圖書有限公司

總 經 銷　大和圖書股份有限公司

地　　址　新北市新莊區五工五路2號

電　　話　（02）8990-2588

傳　　真　（02）2299-7900

藝文空間　三友藝文複合空間

地　　址　106台北市安和路2段213號9樓

電　　話　（02）2377-1163

初　　版　2023年06月

定　　價　新臺幣420元

I S B N　978-626-7096-35-2（平裝）

國家圖書館出版品預行編目（CIP）資料

零基礎也OK!無殼蝸牛必備購屋全書：從看屋、議
價、簽約、貸款、驗屋等SOP全揭密 / 0.38作. --
初版. -- 臺北市：四塊玉文創有限公司, 2023.06
面；　公分
　ISBN 978-626-7096-35-2(平裝)

1.CST: 不動產業

554.89　　　　　　　　　　　　　　112006525

三友官網

三友 Line@

五味八珍的餐桌
品牌故事

60 年前，傅培梅老師在電視上，示範著一道道的美食，引領著全台的家庭主婦們，第二天就能在自己家的餐桌上，端出能滿足全家人味蕾的一餐，可以說是那個時代，很多人對「家」的記憶，對自己「母親味道」的記憶。

程安琪老師，傳承了母親對烹飪教學的熱忱，年近 70 的她，仍然為滿足學生們對照顧家人胃口與讓小孩吃得好的心願，幾乎每天都忙於教學，跟大家分享她的烹飪心得與技巧。

安琪老師認為：烹飪技巧與味道，在烹飪上同樣重要，加上現代人生活忙碌，能花在廚房裡的時間不是很穩定與充分，為了能幫助每個人，都能在短時間端出同時具備美味與健康的食物，從 2020 年起，安琪老師開始投入研發冷凍食品。

也由於現在冷凍科技的發達，能將食物的營養、口感完全保存起來，而且在不用添加任何化學元素情況下，即可將食物保存長達一年，都不會有任何質變，「急速冷凍」可以說是最理想的食物保存方式。

在歷經兩年的時間裡，我們陸續推出了可以用來做菜，也可以簡單拌麵的「鮮拌醬料包」、同時也推出幾種「成菜」，解凍後簡單加熱就可以上桌食用。

我們也嘗試挑選一些熟悉的老店，跟老闆溝通理念，並跟他們一起將一些有特色的菜，製成冷凍食品，方便大家在家裡即可吃到「名店名菜」。

傳遞美味、選材惟好、注重健康，是我們進入食品產業的初心，也是我們的信念。

冷凍醬料做美食

程安琪老師研發的冷凍調理包，讓您在家也能輕鬆做出營養美味的料理。

**冷凍醬料的
5 大優點**

省調味 × 超方便 × 輕鬆煮 × 多樣化 × 營養好

選用國產天麴豬，符合潔淨標章認證要求，我們在材料和製程方面皆嚴格把關，保證提供令大眾安心的食品。

| 三友官網 | 五味八珍的餐桌官網 | 五味八珍的餐桌 FB | 程安琪鮮拌味 FB | 程安琪入廚40 年 FB | 五味八珍的餐桌 LINE @ |

聯繫客服　電話：02-23771163　傳真：02-23771213

程安琪

冷凍醬料調理包　冷凍家常菜

香菇蕃茄紹子

歷經數小時小火慢熬蕃茄，搭配香菇、洋蔥、豬絞肉，最後拌炒獨家私房蘿蔔乾，堆疊出層層的香氣，讓每一口都衝擊著味蕾。

雪菜肉末

台菜不能少的雪裡紅拌炒豬絞肉，全雞熬煮的雞湯是精華更是秘訣所在，經典又道地的清爽口感，叫人嘗過後欲罷不能。

一品金華雞湯

使用金華火腿（台灣）、豬骨、雞骨熬煮八小時打底的豐富膠質湯頭，再用豬腳、土雞燜燉 2 小時，並加入干貝提升料理的鮮甜與層次。

麻辣紹子

麻與辣的結合，香辣過癮又銷魂，採用頂級大紅袍花椒，搭配多種獨家秘製辣椒配方，雙重美味、一次滿足。

北方炸醬

堅持傳承好味道，鹹甜濃郁的醬香，口口紮實、色澤鮮亮、香氣十足，多種料理皆可加入拌炒，迴盪在舌尖上的味蕾，留香久久。

靠福‧烤麩

一道素食者可食的家常菜，木耳號稱血管清道夫，花菇為菌中之王，綠竹筍含有豐富的纖維質。此菜為一道冷菜，亦可微溫食用。

3 種快速解凍法

想吃熱騰騰的餐點，就是這麼簡單

1. 回鍋解凍法

將醬料倒入鍋中，用小火加熱至香氣溢出即可。

2. 熱水加熱法

將冷凍調理包放入熱水中，約 2 ～ 3 分鐘即可解凍。

3. 常溫解凍法

將冷凍調理包放入常溫水中，約 5 ～ 6 分鐘即可解凍。

私房菜

純手工製作，交期較久，如有需要請聯繫客服
02-23771163

紅燒獅子頭

程家大肉

頂級干貝 XO 醬